OUR TEAM
OKAYAMA GAKUGEIKAN FOOTBALL

空き地から日本一！
奇跡を起こした雑草軍団

岡山学芸館高校のチームが成長する組織づくり

岡山学芸館高校サッカー部監督
高原良明

はじめに

「日本一のその先」

第101回全国高校サッカー選手権大会で初優勝を飾ってから、1年が経ちました。多くの方々に祝福していただき、感謝しています。嬉しい時間を過ごすとともに、さらなる前進の意欲を得ている日々です。日本一の景色を見させていただくことができましたが、毎年のようにタイトルを争っている強豪チームと比べれば、まだまだ課題の多いチームです。ただ、未熟な組織ではありますが、コツコツと努力を積み重ねること、全員が力を合わせることができれば、どのチームでも日本一を目指すことができるということは、証明できたのではないかと思っています。

本書では、日本一を達成した選手たちが、どのような努力を重ねてきたのか、チームがどのように前進してきたかをご紹介させていただきます。高校卒業とともにプロの世界で輝くようなスーパースターの存在しないチームが、いかにして全国制覇を成し遂げることができたのか。背景には、ピッチに立った選手のひたむきなプレーはもちろんのこと、全国大会のピッチには立てなかった選手たちの献身、スタッフのチームワーク、学校の理解、地域の協力、ライバルでもある他校から得る刺激など、多くの要素が存在します。

私たちが日本一を成し得たのは、ひとえに、これらの力をすべて結集することができたからだと確信しています。それぞれが、簡単には納得できないこと、理解に時間のかかること、イメージと現実のギャップなど、多くの障壁を乗り越えて、すべての力を、チームのために注ぎ、束ねる。その組織力こそが、奇跡の日本一の土台になりました。

あらためて、その過程を振り返り、学び直すことも多くあります。土台をさらに大きく確かなものにしながら、再び国立競技場でプレーすることを目指して、まい進していきます。ご理解、ご協力をいただいている方々へ、日本一にさせていただいた感謝をお伝えするとともに、本書を通じて、私たちが学んできたものを共有し、ともに日本サッカー界の発展を目指す、すべての仲間に少しでも還元できれば嬉しく思います。

CONTENTS

chapter 3

人づくりと組織づくり、チームづくり 69

chapter 4

私自身の歩み 103

CONTENTS

chapter 5

連覇を目指した23年度の歩み 131

chapter 6

岡山学芸館ファミリー 145

構成／平野貴也
カバー写真／西村尚己／アフロスポーツ
Koki NAGAHAMA／GEKISAKA
本文写真／岡山学芸館高校サッカー部
西村尚己／アフロスポーツ
アフロ
アフロスポーツ
平野貴也
森田将義
装幀・本文組版／布村英明
編集／柴田洋史（竹書房）

chapter

1

全国優勝を振り返る

初の全国優勝、優れた人間性の集団が示した組織力

はじめに、日本一を達成したチームの話を綴ります。優勝した世代は、本当に人間性に優れた選手が多いことが最大の特徴でした。自分やチームが成長するために何が必要か、どうするべきかを考えて、ひたむきに努力できる選手が非常に多かったです。

例年、主将を任せる人間を誰にするか悩むものですが、このチームには主将を任せたくなる選手が何人もいました。明るくて、素直で、人の話をよく聞いて、成長していける選手たちでした。全国大会で活躍したFW今井拓人、MF木村匡吾、MF山田蒼、MF岡本温叶、DF井上斗嵩……いずれも全国レベルで見て、運動能力や技術で特別に長けていたとは思いませんが、とにかくハートの良い選手が多かったです。チームの中心となる彼らが、率先して自主練習をしていましたし、特に主将を任せた井上は一番努力をしていました。それが、チーム全体が頑張れる要因になっていたと思います。

このチームの3年生は、試合に出ている選手も、出ていない選手も、とにかくチームのためにという気持ちで本当に一つになっていました。

毎年、全国高校選手権に出場するときは、メンバーに入れなかった3年生のモチベーション

5万人を超える大観衆が見守った国立競技場で東山（京都）との決勝を3－1で制し、選手権初制覇

の維持が課題になります。やっぱり、試合に出られないなら、もう関係ないという気持ちになってしまう選手が出てくるからです。主力選手で構成されるチームが勝つためだけでなく、それぞれの選手が、チームとして団結して戦うことや、最後までやり遂げることの大切さを学ぶ意味でも、全員で最後まで挑むことを大事にしているので、メンバーに入れなかった選手たちに、そういったことを話すことが多いです。でも、このチームでは、ほとんど言う必要がありませんでした。もちろん、選手は個々に悔しい思いを持っていたと思いますが、チームのためにどう振る舞うべきか、何をやるべきかを考えて行動している選手が非常に多く、素晴らしい人間性を持った学年だと思いました。

入学当初は、突出した成績を期待できる世代という印象はありませんでした。ただ、1年生の夏、大阪の堺へ遠征に連れて行ったコーチが珍しく「こいつら、何か強くなりそうです」と言っていたのを覚えています。

しかし、強くなりそうな気配はなかなか見られませんでした。3年生になる直前、福島県で行われたJヴィレッジカップという親善大会では、主力に負傷者が多かったとはいえ、グループリーグは、3戦全敗。2得点15失点で、参加した20チームの中で最低の成績。19位決定戦で関東第一高校（東京）に3－2で勝つのがやっとでした。

シーズンが始まって、プリンスリーグ中国では9勝6分1敗で2位。ほぼ負けませんでしたが、夏のインターハイ前までは、まだ個々に弱さも感じられました。MF山田、MF木村あたりには「たかだかうちのチームでレギュラーだという程度。それでは、上のカテゴリーに進んだら通用しないぞ」と何度も言いました。当時の彼らはまだ幼いところもあり、泣いてしまうこともありました。チームを勝たせるために100％を尽くす選手になりたいという気持ちを持っていることは感じましたが、まだそれができずに、もがき苦しんでいました。

私が、このチームの成長の可能性を感じたのは、2022年度夏のインターハイでした。その大会で準優勝した帝京高校（東京）に準々決勝で2－4で敗れましたが、ある程度、自分たちが目指すサッカーで対抗することができていました。そこで負けて、日本一になれる可能性を少し感じたのと同時に、まだまだ足りないと本気で気づいたのだと思います。そこから、選手たちの取り組む姿勢が変わっていったように感じました。

後に触れますが、22年から東海大五高校（元・東海大福岡高校）時代の恩師である平清孝先生がゼネラルアドバイザー（GA）としてチームに加わってくださったことも日本一達成の大きな力になりましたが、他者のアドバイスを素直に聞き、ひたむきに努力できる彼らだからこそ、成長を続けることができ、大舞台での刺激も力に変えて、今までの岡山学芸館にはなかった日本一という素晴らしい成績を残せたのだと思います。

目標達成型と天命追求型をミックスした目標設定

少し、全国大会を振り返ります。高校選手権は、年末に始まって、成人の日に決勝を迎えます。2週間弱の短期決戦で、勝った後、次の試合の準備が忙《せわ》しなく、どう対応するかが重要でした。ミーティングでできることは、限られています。プリンスリーグ中国では2位。プレミアリーグ参入戦で尚志高校（福島）に負けましたが、全国大会でもある程度は勝負できるだろうと手応えを持っていました。ただ、組み合わせが決まり、私たちが考えたのは、1回戦が帝京大可児高校（岐阜）。勝てば2回戦で……、3回戦はどこか……という程度。優勝まで考えて逆算できるほどのチームではありませんでした。

２０２２年12月29日の初戦は、動きに硬さがありながら、１－０で勝利。大みそかに行われた2回戦の鹿島学園高校（茨城）戦までのミーティングでは、相手の試合映像をよく見せて、とにかく次の試合に集中させました。

年が明けて23年1月2日の3回戦は、國學院久我山高校（東京）と対戦。相手のエースストライカー・塩貝健人選手（※慶応義塾大学に進学し、24年2月には、大学を卒業する27年に横浜Ｆ・マリノスに加入することが内定）をどう封じるかがポイントでした。いざ試合が始まってみると、塩貝選手のプレーの迫力は、映像で見ていた以上でした。苦しい試合になりましたが、何とか無失点に抑え、０－０でＰＫ戦になり、５－３で勝利。目標としていたベスト４まであと1勝に迫りました。

準々決勝の佐野日大高校（栃木）戦は、相手がリトリートしてくるから、サイドからクロスボールを多く使って攻めようなどという話をして、４－０で勝って国立競技場にたどり着きました。勝ち上がるにつれて、ミーティングでは選手をリラックスさせるように気をつけました。

大会の目標は「ベスト4以上」でした。目標だったベスト4入りを達成し、そこから次の神村学園高校（鹿児島）戦に向けて、どう臨むか。私は「博多の歴女」の通称で知られる白駒《しらこま》妃登美《ひとみ》さんの著書『天命追求型の生き方』に書かれている話を拝借しました。目標を定めて自分の力で物事を解決していく「目標達成型」と、起こった出来事を受け入れて前に進む「天命追求型」の生き方があるという話です。豊臣秀吉の人生が、後者の一例です。農民の子に生まれた秀吉は、最初から天下を取るという目標を立てていたわけではないはずです。しかし、目の前を一生懸命に進んだ結果、小姓になって、大名だった織田信長を喜ばせようと、草履を温めて差し出したところから取り立てられ、やがて武将、大名、天下人になりました。

そんな話を紹介しながら、自分たちは目標達成型で国立競技場にたどり着いたけど、ここからは、天命追求型で行こうと選手に話しました。次の神村学園戦、とにかく目の前の試合を一生懸命にやろう、結果は後から付いて来ると言いました。

それまでのミーティングでは、対戦相手の攻略法について話していたのですが、神村学園戦は、そんな話はしていません。相手には、プロに進むFW福田師王（ボルシアMG／ドイツ）、MF大迫塁（セレッソ大阪）の両選手がいましたが、その2人がどんなプレーをして来るから、どう対応しようという話は、あえてしませんでした。選手たちにはこれまでやってきたものをすべて出し切ることだけを求めました。

その結果なのか分かりませんが、準決勝でも決勝でも、選手たちは驚くほどリラックスしていました。準決勝では、国立競技場の中でスタッフで一緒に写真を撮りました。決勝の舞台でも私も緊張せず、スマートフォンをスピーカーにつないで、選手が乗りやすい音楽を流して、選手たちは歌いながら準備をしていました。「本当に、今から全国の決勝をやるのか」と思うくらいの気楽さでしたし、岡山県大会の決勝の方がはるかに緊張していました。3年生は高校生活の最後の試合。もう相手がどうかは関係なく、とにかく思い切ってやるしかないと吹っ切れていました。

全国的に名の知れた強豪校で何度も上位に進むのに優勝できないチームがあります。今までに決勝まで勝ち上がって優勝できなかった経験があれば、必ず今度こそ……といった思いから、ああしなければ、こうしてはいけない……とナイーブになると思いますが、私たちは本当に無欲で、伸び伸びと最後の舞台を思い切り楽しむことしか考えていませんでした。選手もスタッフも、とにかく試合が楽しみ。サッカーを純粋に楽しんでいました。国立競技場に行けただけでもすごいと思っていたのに、2試合もできることは、喜び以外の何物でもありませんでした。

リラックスしていたと言っても、集中力を欠くことはありませんでした。良い具合に、気持ちを切り替えることができていたと思います。翌23年のインターハイ予選（県大会）は、1試合目が2－0でシュート数25本。2試合目が3－0でシュート数23本。たくさん打っても入るのはわずか。でも、優勝したチームが国立競技場で見せた試合は、準決勝も決勝もシュート6本で3得点。比較してみると、選手たちが研ぎ澄まされていたのが、よく分かります。

平先生の加入でスタッフ、選手がファミリーに

大会をうまく乗り切れた要因として欠かせないのが、恩師である平先生の加入でした。コーチの吉谷《よしがい》剛は「平先生が来たことで、チームがファミリーになったと思う。それが、選手の安心感につながった。だから、選手が力を出し切れた。そういう大会だったと思う」と言っていました。

平先生はゼネラルアドバイザーとしてチームに加入しましたが、練習内容には何も言ってきませんでした。私たちがメニューを組んで指導を行うことに対して「ああした方が良い」「もっとこうしたらどうか」などの言葉は、一切ありませんでした。ただ、練習を見ながら、選手個々に対してアドバイスをしてくれていました。

平先生が来られて、最初は教え子である私をはじめ、スタッフに今まではなかったピリッとした空気が流れました。それは、選手も感じ取ったはずです。選手からしてみれば「監督やコーチも気を遣うような、すごい先生が来たぞ。ちょっと怖いな」という感覚だったと思います。それが、練習が始まってみると、平先生が一番優しくて、気さくに直接アドバイスをくれるわけです。選手たちは平先生の言葉に、本当に素直に耳を傾けていました。平先生はいつも「上手いチームは、腐るほどある。でも強いチームにならないと日本一は取れん。だから、お前ら

高校時代の恩師・平先生がチームに加わってくれたことでスタッフの一体感も強まり、それがきっと選手たちに安心感を与えたはず

は強いチームになれ」と言っていましたが、選手がその言葉で自信を持って練習や試合に取り組んでいるのが、よく分かりました。選手権の大舞台で、選手が良いイメージだけを持って、思い切ったプレーをできたことが、奇跡の躍進の原動力になっていました。

平先生は、ミーティングでは、勝負のセオリーを選手に伝えていました。「開始の5分、終わりの5分が大事だ」、「良いプレーの後には、大ピンチが来るぞ」、「最初のセットプレーは、絶対に集中しろよ」と、内容としては当たり前と言えるくらいの内容です。でも、私たちが、もう少し細かい話をする中、先生が45年の指導歴の中でずっと大事にしてきたことを、あらためて選手に伝えてくれていました。普段の練習から、選手が平先生の話に耳を傾けようとする姿勢ができていたので、試合を乗り切るために大事なことが、試合直前でしっかりと整理されて選手の頭の中に入ったのだと思います。

岡山に来た平先生、以前とは大きく変わった印象

平先生が来てくださったことは、私たちのチームにとっては間違いなく大きな力になりました。平先生を迎え入れる件を校長先生にお願いする前に、先に吉谷に相談をしました。吉谷と2人で引っ張って来たチームなので、吉谷が窮屈な思いをするようであれば、平先生を呼ぶことはできないと考えていました。でも、吉谷は「近くに学べる存在がいない状況で、オレたちだけで20年もやって来た。平先生が来てくれたら、オレたちスタッフにも新しい緊張感が生まれて良いんじゃないか」と言ってくれました。

平先生も気を遣ってくれていて、岡山に来てから、吉谷らスタッフを立てながらサポートをしてくれました。私にとっては、恩師が来てくれることは心強かったですが、スタッフとの関係作りが大事だと思っていました。ただ、吉谷らスタッフは平先生から学びを得ようとしていましたし、平先生も「邪魔になるようなら行かない方が良い」とすでにいるスタッフを尊重し

てくれて、互いが互いを大事に思ってくれたため、チームがすごく居心地の良い雰囲気になりました。

私と平先生の関係も、以前より親しみが強くなりました。昔は、遠征等で年に何回かしか会わないので、会う度に緊張していましたし、岡山に来たばかりの頃も私は緊張していました。ただ、毎日会って話をしていると、だんだんと緊張もしなくなっていきました。思っていた以上に早く、緊張は解けた気がします。

時々、気が抜けると、先生の前で偉そうに足を組んでしまっていて「ヤバイ！」と思うときもあるくらいです（笑）。以前は、先生に冗談を言うなんてできませんでしたが、軽い冗談も自然体で言い合える関係になりました。一緒に食事をする機会も増え、今までは知らなかった平先生の一面が見えて来たことも、私にとっては嬉しいことでした。

指導者をやっていると、他の指導者の評判が少なからず耳に入って来ますが「平先生を悪く言う人はいない」と聞いていました。一緒にやっていると、気遣いが素晴らしいし、情に厚いし、すごくマメ。年下の指導者の方にも丁寧に敬語で話をされます。若い指導者が相手でも、お世話になったらお礼を欠かさない。大変失礼ながら、経験豊富で高校サッカー界では重鎮として名の知れた先生なので、特に若い指導者に対しては、もっと上から目線で接しているのではないか……と勝手に思い込んでいたのですが、まったく違いました。

どうしても、自分が高校生のときに怒られたイメージが強く、勝手な印象を持っていたのですが、実際の姿を見て「なるほど、悪く言う人がいないわけだ」と思いました。

平先生が加えたイメージトレーニングの効果

平先生の、いつ、誰に、何を、どうやって伝えるかという指導力は、本当に驚かされるものがあります。

高校選手権を勝ち上がる中で印象的だったのは、イメージトレーニングです。平先生が来るまでは、取り組んでいない分野でした。全員が目を閉じて、平先生が話す世界をイメージします。まず、良いプレーのイメージを3分ほど。「GKはファインセーブ、FWはセンタリングをダイレクトシュート、ボランチはこぼれ球を拾ってミドルシュートだ。ディフェンスはスライディング、体をぶつけて相手の動きを阻止しろ」など、細かくイメージを伝えます。

決勝戦の試合前のミーティングでは「最後は、試合終了のホイッスルが鳴って、優勝。相手の選手はうつ伏せになる。お前たちは空を見ろ、天を仰げ」というものでした。

映像に残っていますが、実際に決勝戦の試合終了のホイッスルがなった瞬間、主将の井上がバタッと後ろに倒れて、空を見ていました。ほかにも同じようにしている選手がいました。

イメージトレーニングを初めて見たときは「そんなに細かいところまでやるの？」と思いましたが、優勝決定の瞬間に、それが現実になったときは本当に感動しました。

準決勝で聞かれた「お前、どうする。勝ちに行くか？」

平先生との大会中の会話で、一つ忘れられない言葉があります。優勝候補の一角だった神村学園と対戦した準決勝でした。先制した後に逆転され、2－2で追いついて、再び相手に勝ち越されて、もう一度追いつく大激戦。90分では決着がつかず、勝負はPK戦にもつれ込みました。

すると、平先生が「お前、これどうする？　勝ちに行くか？」と思いがけないことを言いました。私が不思議に思っていると「これを勝って決勝に行ったら、もう（称賛される結果は）優勝しかなくなるぞ」と、今後の私の立場を考えて、冗談でプレッシャーをかけて来たのです。

私は、勝つこと以外、何も考えていなかったのに、平先生には余裕がありました。もちろん、私は「先生、行けるときに行きましょう、勝ちましょう！」と言いましたが、少し笑っていました。

おそらく、その効果なのでしょう。ＰＫ戦は、すごく落ち着いて見ていられました。ホワイトボードにキッカーを順に並べて、決めたら右に、外したら左にと結果を示しながら、他人事のように「おー、やった、止めた！」などと言っていました。不思議なことに、負けるかもしれないとは、まったく思わず、絶対に勝てるものだと思って見ることができました。

「最高の親孝行」への思い

学芸館に来てくださるという話になったとき、平先生は「長くて3年間、やっても70歳までかな」と言ったのですが、私は「その間に日本一になったら最高ですね」と話していました。それがまさか来られて1年目で優勝できるなどとは思っていませんでした。

そういった意味では最高の親孝行ができたかなと思うところは、あります。ただ、正直に言えば、もしも、平先生が来て、県大会で負けるというような展開になってしまったら申し訳ないという気持ちもあり、少なからず不安もありました。

22年の県大会決勝は、玉野光南高校との対戦でした。ピッチ内ウォーミングアップが始まる直前、ほかのコーチには声をかけず、私は選手だけを集めました。

平先生は、2009年に白血病を患って、生死をかけた長い闘病生活を送ってきました。それでもサッカーに情熱を注ぎ続け、縁があって、岡山学芸館に来てくれました。だから、選手にもその話をして「頼む。この決勝は、平先生のために勝って、必ず全国大会に連れて行くぞ。平先生を胴上げするぞ!」と言ったのですが、話している途中で自然と涙が出てしまいました。

選手たちも平先生に教えてもらいながら、心が通っていた部分もあり、本当によく頑張って勝ってくれました。試合終了のホイッスルが鳴った時、「平先生のところに行けー!」と言って、選手たちとともに先生を胴上げしました。私は、選手としては先生を全国大会に連れて行けなかった世代だったので、嬉しかったです。この段階でも、少しは恩返しができたかなと思っていましたが、まさか2度も胴上げをできるとは思っていませんでした。

全国大会を優勝後、平先生には「日本一になったんだから、もう来年はやることねえだろ?」と言われましたが「まだ、いてください」とお願いしました。

平先生は東海大五高校で45年監督を務め、最高成績が全国3位です。私たちが15年で日本一のタイトルを取れたのは、どう考えても私たちだけの力ではありません。教え子も全国に多くいる中で、平先生が岡山学芸館を手伝うことを選んでくださったことも含めて、いろいろな方の、いろいろな思いが乗っかって、たどり着いた結果なのだとあらためて思います。

「利他の心」がもたらした日本一

22年12月、全国高校サッカー選手権大会出場が決まり、学校がお祝いムードに包まれる中、前理事長の森靖喜先生を病が襲いました。小細胞肺がんが見つかり、末期がんとの宣告を受け闘病生活が始まりました。私たちサッカー部はそんな中、全国大会に向けて調整試合を繰り返し、大会に挑みました。

本来であれば、全国大会には毎回応援にかけつけてくださる理事長でしたが、今大会に関しては入院中のため叶いませんでした。全国選手権では快進撃を続け、夢の決勝の舞台にたどりつくことができました。

決勝前夜のミーティング時に、理事長先生が病と闘われていることを知る選手たちが、自らで話し合って、動画メッセージを送ろうと撮影しました。主将の井上を中心に以下のメッセージを送りました。

「理事長先生、僕たちは全国大会の決勝戦まで来ることができました。明日必ず勝って日本のてっぺん取りにいきたいと思います。一緒に頑張りましょう!! Vamos※(バモース)」

動画を送った際に、理事長をはじめ校長先生、理事長の奥様である森美智子先生も大変喜ばれ、感動したとお聞きしました。決勝戦を前日の緊張した中、選手たちは自分たちのことではなく、理事長の体調を気遣う、まさに「利他の心」を持ち決勝戦に臨んでくれたように思います。東山との決勝戦では、選手全員が最後まで走りぬく、高校生らしいひたむきな戦いで見事優勝することができました。私たちの優勝が理事長先生の眠っている細胞を動かしたのか分かりませんが、体調も良くなり、優勝祝賀会では壇上に立ち、ご挨拶されるまで回復しました。挨拶の中で「三途の川を渡ろうとしたら、サッカー部の優勝で引き返すことができた」と笑いをとるお話を交え会場を沸かせました。

「日本人精神」（世界に通用する立派な日本人の育成）
「利他の心」（自分ではなく、周りの人の為に何ができるか）
「積小為大」（小さなことの積み重ねが、やがて大きな成果となる）

前理事長が大切にされてこられた言葉です。学芸館に赴任してから、多くのことを学ばせていただきました。何にもわからない若造の私たちを熱心にご指導いただき感謝しかありません。

前理事長は２０２３年9月21日、行年83歳でご自宅にて永眠されました。我々サッカー部にとって、日本一をプレゼントできたことが、少しの恩返しになっていれば嬉しく思います。本当にありがとうございました。

※サッカーで応援する場合に使う「頑張れ」や「さあ、行こう」という意味

選手権は「自分の人生のすべて」

全国高校選手権は、伝統があり、注目度が高く、多くの人と喜びや感動を分かち合える大会です。どの大会も大事だと思っていますが、やはり特別です。高校サッカーに携わる以上、この大会のために、という部分は誰もが持っていると思います。家族サービスも削ってしまい、人生のほとんどの時間を費やして取り組んでいるといっても過言ではないですし、私の中では、人生のすべてのような存在です。楽しくて、やめられない世界です。それくらい、情熱をかけられる場所だと思っています。

大会テーマソングの「振り向くな、君は美しい」を聞くと胸が熱くなりますし、毎年、勝っても負けても感動してしまいます。高校サッカーと言えば、選手権。こんなに歴史のある大会は、ありません。その大会を優勝して思うことは、もう一度、国立に行きたいということでした。毎年、行きたいくらいです。

やっぱり、選手権は夢の舞台。東山高校（京都）との決勝戦の観客数は5万868人。プロでも滅多に経験できない環境です。いろいろな方が、この大会に魅了されているのだと思います。自分も高校生のときにチャレンジしましたが、到底届かないところでした。日本代表になる選手でも決勝に行けなかった選手は多くいますし、プロになる選手でも、あれだけの大観衆の前でプレーできるチャンスは、なかなかありません。だから、とにかく試合が楽しかったです。

監督なのに、保護者やサッカーファンみたいな目線になっていた部分もあるのかもしれません。ハーフタイムも「思い切って、全部出し切るぞ」みたいなことしか言っていません。戦術的な話もしませんでした。よく「どの段階で優勝できると思ったか」と聞かれましたが、一度も思ったことは、ありませんでした。決勝の終了5分前に3点目が入って3－1になったときに初めて、これはいけそうだと思いました。

3点目を取った後、コーナーでボールをキープして時間を稼ごうと考えなかったのかと何度か聞かれましたが、そんな考えもありませんでした。「このまま最後までやり合いたい。それでやられたら、そこまでの力。最後まで戦わせたい」という気持ちでした。

地元に帰って気づかされた「岡山県勢初」の価値

憧れた全国高校サッカー選手権で日本一になれたことは、夢のような出来事でしたが、試合の後も信じられない光景が続きました。

当初、私たちは普段の遠征と同じように、チームバスで岡山に帰る予定でした。しかし、校

優勝パレードでは商店街に約2000人もの方々が集まってくれた。こんなにも多くの人に応援していただいたことにあらためて感動した

長先生から「学校での出迎えがあるから、なるべく早く戻って来なさい」と連絡があったため、急きょ新幹線での移動に切り替えました。バス移動より早く戻れて良かった、学校に着いたら祝ってもらえるのかなという程度に思っていたのですが、岡山駅に着いたら、改札の外に報道関係者の人だかりができていて「日本一って、こんなにすごいことなのか」と驚きました。岡山駅でバスに乗り換えて学校に向かいましたが、学校にも報道関係者が数多くいたり、ほかの部活動の生徒たちが祝福してくれたりと注目度が高く、岡山県勢初の日本一の価値を感じました。

優勝パレードをした際は、普段は人通りが少なくなってきたと言われている表町の商店街に、約2000人が集まってくれました。23年

2月には、漫才コンテストの「M-1グランプリ」を優勝したウエストランドさんも岡山県出身のため、一緒に岡山市東地区の西大寺でパレードを行い、このときは約3000人が集まってくれました。知り合いではなくても、みなさんから「おめでとう」、「岡山の誇りや」と声をかけていただいたり、一緒に写真を撮ってくださいとお願いされたり。アイドルや芸能人みたいだなと思いました。

私たちが普段、目にしているのは、リーグ戦や県大会でグラウンドに来られた方たちですが、選手権の全国大会は、こんなにも多くの方が楽しみに見ていたのかと、あらためて驚かされました。聞くところによると、勝ち上がる度に、岡山の代表が勝っているらしいから次は見てみようという方が増えていったようですが、想像以上にたくさんの方に応援していただいたのだと分かり、感動しました。スター選手のいないチームでしたが、だからこそ、ひたむきに、一生懸命に取り組む高校生らしい姿勢が、見てくださった方に伝わったのであれば、本当に嬉しいです。

多くの祝福をいただき、様々な恩恵を受けたのですが、一つ、ちょっと悩ましい問題もありました。毎年、シーズン開幕前の3月に福岡県で行われているサニックス杯国際ユース大会の出場権が選手権大会の優勝、準優勝チームに与えられるのですが、それを辞退しなければいけなかったことです。恩師である平先生が東海大五時代に主宰した大会で、先生が指導で携わったチームが全国優勝をして凱旋できる機会でした。しかし、隔年で行っているスペイン遠征をすでに3月に組んでおり、キャンセル料まで払って予定を変更すると、金額負担も大きくなるため、泣く泣く断りを入れました。平先生には、ちょっと申し訳なかったですが、本当にまさか高校選手権を優勝するなどとは思っていなかったので、そこまで頭が回りませんでした。

選手紹介

最後に、優勝したチームのメンバーが、どんな選手たちだったのか。全員を紹介すると長くなるので、何人かを紹介したいと思います。

本校には、学年末に生徒がクラス内表彰を行う制度があるのですが、MF木村匡吾などが選ばれていて、とにかく人間性に優れた選手の多い学年でした。卒業式でも、様々な賞をサッカー部の生徒たちが受賞し、ピッチの外でも優れた人間であったことが伺い知れました。

私の恩師の平先生がよく「周りにファンを作りなさい」と話していましたが、本当に周囲から認められ、好かれる生徒が多かったです。

キャプテンを任されたことで責任感を持ち、周りの選手にも良い影響を与えた井上。期待に応えて素晴らしい主将になってくれた

〈4番・DF井上斗嵩《つかさ》〉

井上は、本来はキャプテンをやるタイプではありません。何かあれば率先して動くというタイプではなく、率先して動く選手を一歩引いて見ているようなタイプだからです。入学当初はサードチームにいた選手。本来なら、1年生からトップチームに入っていた今井や木村、岡本あたりにキャプテンを任せるのが普通だと思います。でも、井上には、普段の練習で最後まで絶対に頑張るし、手を抜かないという良さがありました。きついとき、苦しいときも、周りがすごいと思えるくらいにとことんまで頑張ります。彼のような選手が一番後ろにいて、前の選手に声をかけてくれたら、チーム全体で頑張れるだろうと思いました。だから、期待を込めて主将を任せました。

彼が率先してチームのために動ける選手になれば、個人として成長できると思いましたし、彼であれば、誰もが認める主将になり、周りの人間が付いていくだろうと感じました。彼は、主将を任されたことで責任感を持ち、自分から声を出すように変わっていきました。学校の中で、ほかの先生からも「斗嵩はいいね」と言われるようになりました。チームの中心になったことで、メンタルが変わり、プレー面でもさらに成長していきました。ある程度、体格はがっしりとしていますが、ほかに大きな特長がある選手ではありません。でも、全国大会の3回戦の國學院久我山との試合で、最後の最後にシュートブロックで体を張るなど頑張ってくれました。どうしても、得点に関わった選手の方が、試合をご覧になった方の印象に残るものだと思いますが、彼がいなければ、その前に失点をしてやられていただろうと思います。

私は、試合後に周りから聞いて知ったのですが、井上は、東山との決勝戦で、素晴らしい行動を見せていました。ライン際のボディコンタクトで体勢を崩して、ピッチの外に出たときに転び、ピッチサイドにあったガンマイクを倒してしまいました。井上はそれを直してプレーに戻る姿がテレビで放映されていたそうです。私は、ピッチ上に目を向けていたので、まったく気がつきませんでした。当然、1秒でも早くピッチに戻らなければいけないという思いだったはずですが、その状況でも、自分が倒してしまったものを元に戻すといった、当たり前のことをしっかりとやっていたということは、私たちが部活動あるいは学校生活で指導してきたことが伝わっているのだなと思いました。何をしてでも勝てば良いというのは、私たちが目指しているものではありません。相手、関係者に敬意を払う中で、勝利を目指すという考え方を体現してくれていました。「テレビで見ていたが、こんなに素晴らしい子がいるなら、勝つだろうと思った」と言ってくださった方もいました。

井上は、あまり話すのが得意なタイプではありませんでしたが、主将を任される中で、人間としてもすごく成長した選手です。決勝戦で円陣を組んだときは「優勝旗を岡山県に持って帰りましょうや！」とみんなの気持ちを乗せるような声をかけていました。コーチの吉谷も「主将として頑張り続けたら、こんなに変われるものなのか」と驚いていました。

取材対応でも、最初はそんなに上手に話せませんでしたが、堂々と立派なコメントができるようになっていきました。本当に、期待通りに素晴らしい主将になってくれました。

〈7番・MF木村匡吾〉

決勝戦で2得点を挙げた木村は、積極的に声を出してチームを引っ張るようなタイプではありませんでしたが、プレーの面で誰よりもハードワークをすることで、仲間を奮い立たせていました。守備では広範囲を守り、ボールを奪ったら前に飛び出していく、運動量の多い選手です。最終的にはボランチでチームの中心になりましたが、岡本を中央で起用していたときは、右のアタッカーで使っていました。最初は、身体的なサイズはないので、中央よりサイドの方が生きるかなと考えていました。でも、彼が中央にいないと、セカンドボールの回収能力がすごく落ちることに気がつき、中央で使うことにしました。

彼も人間性が素晴らしく、分かりやすく周囲に悪い態度を取るような選手ではありませんでしたが、3年生になってからは、やる気が空回りして、とにかく不安定でした。2、3年生のときに担任を務めていたコーチの吉谷も「クラスではめちゃくちゃ良い奴。男女の間にも入れるし、人前にも立てるし、いつも可愛い笑顔。余計なことを言わず、周りを不快にさせない。それなのに、サッカーのときだけ、チームを不安定にしてしまっている」と心配していたくらいです。一生懸命に取り組んでいるのは間違いないし、一番ハードワークができる選手で、球際も戦える。気持ちも強い。でも、上手くいかないと、周囲が彼に気を遣う状況になってしまいました。プレッシャーもあったのか、プレーの成否に気持ちが左右されてしまい、ひどいときは、イライラしてファウルをしてしまうこともありました。「チームのために良いかどうかの判断ができないのか！」と叱ったこともあります。でも、自分の行動が悪いと分かっているので、涙を流していて、彼自身も自分を上手くコントロールできない

ハードワークができ、献身的なプレーでチームを引っ張ってくれた木村。とにかく人間性が素晴らしく、クラスでも慕われていて、友人からの信頼も厚い選手

ことに苦しんでいるようでした。しかし、最後には壁を乗り越えてくれました。本校では、学年末に生徒が行うクラス表彰があるのですが、彼はそれに選ばれていましたし、友人からの信頼も厚い選手。最後は、報われて良かったなと思いました。

〈8番・MF岡本温叶《はると》〉

岡本は、身体能力が低くて、苦労するだろうと思われた部分も大きかったのですが、キックの精度がピカイチでした。本来は右利きですが、両足が使えて、最後は左の方が得意なのではないかと思えるくらいの精度でした。

彼をどのポジションで使うかは、とても悩みました。最初は、ずっとボランチで使っていて、攻撃時のミドルシュートが魅力でした。しかし、身体のサイズやスピードがあるタイプではないので、守備のところで課題が目立ってしまいました。そこで、彼がどこなら生き残れるのかを考えて、結果的には、右のアタッカーの位置に移しました。新チームになった頃は、まだボランチで使ったり、右サイドで使ったりしていましたが、夏のインターハイの頃には、右サイドに定着しました。イメージしたのは、元イングランド代表のデイビッド・ベッカムです。クロスボールを武器にして得点を生み出す役割を本人も自覚して、自主練習でキックの精度をどんどん上げていきました。岡本は、自分で練習メニューを考案する選手で、周りの選手が面白がって一緒に練習をするようになっていきました。全国大会では、準決勝の神村学園戦で決めた同点ミドルシュートが印象的ですが、あれは、彼の努力の結晶です。あの場面に限らず、それまでにも彼のクロスから得点が生まれることが何度もあったので、彼の努力にチームが救われた部分は大きかったです。

　彼は、テレビ（ＲＳＫ山陽放送）の取材に全国のサッカー少年へ向けて「小学校の頃にやっていた練習が一番大事になる。今の時間を大事にしてほしい」と話していました。コーチの吉谷が、それを見て「チームで一番技術がある岡本が、止める・蹴るを大事にし続けて来ていた選手だったということが分かるコメントだ。だから、大舞台でスペシャルなシュートが出たのだと思う」と話していましたが、本当に真面目で信頼できる選手でした。だからこそ、絶対に常にピッチに立ってほしいと思い、適したポジションを探した選手でした。

左右の足を遜色なく使え、そのキック精度も抜群だった岡本。準決勝で決めたミドルシュートは彼の地道な練習が実を結んだゴールだった

〈10番・MF山田蒼《あおい》〉

山田は、マイペースな男です。10番を託したことからも分かると思いますが、一番期待をかけた選手です。技術があり、独特のリズムのドリブルも武器です。なかなか、ほかの選手が真似できないプレーができます。サイズもあって、ヘディングもそこそこできるので、元々は、攻撃の核としてトップ下を任せたいと考えていました。ただ、チームの中心としてプレーするうちに守備力がついてきたので、ボランチに置いて、攻撃の時はトップ下の役目もやるくらいに飛び出していくスタイルになっていきました。

当初は、メンタルが強くなく、気持ちが落ち込むとプレーが消極的になるなど、不安定でした。腰のケガを抱えてしまった影響も大きいと思います。

平先生からは、10番が重荷になっているから変えたらどうかと言われましたし、コーチの吉谷からも一度主軸から外したらどうかと提案されましたが、私は起用し続けました。

チャンスメーカーとして期待を込めて10番を託した山田。腰のケガで苦しんだ3年間だったが、最後の選手権では見事10番らしい仕事をしてくれた

山田が自身のプレーに悩んでいるのは、分かっていました。サッカーをうまくなりたいという気持ちが本当に強い選手なので、上手く体現できないギャップにイライラしていたのだと思います。自信も失いかけていたと思いますが、それでもずっと努力を続けていました。でも、頑張り続けて来て、選手権の全国大会期間中に急激に伸びました。大会期間で最も成長した選手ではないかと思います。

私が担任だったこともあり、学校生活でも冗談を言うことがあったのですが、1回戦で帝京大可児に勝った日の夕飯のときに「うちの10番は、いつになったら10番らしくなるんかな」と冗談で言ったら、苦笑いを浮かべながら「次は、絶対にやります」などと言っていたのですが、2回戦の鹿島学園戦の決勝点になる3点目は、山田が3人目の動き出しで見事に決めたという素晴らしいゴールでした。

〈9番・FW今井拓人〉

今井は、スピードのある選手ですが、正直に言って技術レベルは高くありません。でも、絶対に手を抜かないし、最後まで頑張り切れる、信頼できる選手でした。彼の背中が、チームを引っ張ってくれました。

また行動でも仲間を引っ張れますし、仲間に対する声かけも積極的にできるタイプで、非常

前線で体を張り、囮になって味方を活かすなどチームのために泥臭く頑張れる今井。選手権では3得点を決め、初優勝に大きく貢献してくれた

に影響力のあるプレーヤーでした。全国大会前は、なかなか得点が取れず、チームに貢献できていないという思いからの焦りが見られました。頑張ろうとする気持ちが空回りしていたように思います。しかし、全国大会でも彼はチームのために全力で戦い、仲間の力を引き出してくれました。FWとしても、3得点を挙げて大会得点王（※5人が並んだ）になりました。

〈12番・GK平塚仁、1番・GK矢野晃〉

2年生GKだった平塚は、高校選抜に2年連続で入ることになりましたが、もともと身体能力に優れた選手です。走れば、チームの中でもトップレベル。跳躍力もあります。将来的には、プロ入りも目指せるだけの能力を持っていると思います。全国大会でも彼のプレーに救われた部分は大きかったです。

ただ、彼の活躍の裏には、もう一人のGKの存在が大きく影響していたと思っています。控えに回った3年生GK矢野晃です。彼も優れた人間性を持つ生徒で、3年E組のクラスアワードを受賞しました。

彼は、インターハイ県予選の決勝戦まで先発でしたが、全国大会から平塚にポジションを奪われる形になりました。夏は、平塚の台頭を感じていたのか、ミスが増えるなど苦しんでいました。彼を起用し続けたい思いもありましたが、全国大会でチームが勝つために必要な選手はどちらかと考えたときに、平塚の能力だと決断しました。スタメン落ちした当初は、自分が頑張って来たのに……という気持ちも矢野にはもちろんあったと思います。でも、彼は嫌な顔をせず、練習も一生懸命のままでした。平塚のサポートをするようなメニューのときでも頑張っていました。平塚は、矢野の態度に救われた部分があったはずです。矢野が頑張り続けることで、彼を差し置いて試合に出る平塚は、絶対に恥じることのない努力が必要になったと思います。

身体能力に優れ、ハイボールに強く、正確なキックにも定評のある平塚。将来的にはプロ入りも目指せるだけの能力は持っているGK

〈5番・中尾誉《たかし》〉

彼は、センターバック以外ならば、どこのポジションでも器用にこなす選手でした。元々は、攻撃的な選手でしたが、器用なのでボランチ、ワイド、トップ下と様々な位置でプレーさせました。

中学生だった彼に声をかけて獲得したときは、絶対にボランチでチームの主軸を担ってほしいと思った選手でもありました。ほかにもボランチの候補が出て来る状況になりましたが、彼の器用さはすごく貴重で、彼が試合に出ないという選択は、考えにくいとも思いました。最終的に左サイドバックに固定したのは、ボールを保持しながら攻撃したいというチームコンセプトの中で、フリーでパスを受けられる回数が多いサイドバックに彼を置くと、ビルドアップの起点として機能してくれるということが理由です。

彼は、サイドバックとして作り上げたというタイプの選手ではありません。それでも、

CB以外なら、どのポジションでもプレーできた中尾。最終的にはサイドバックに固定し、ビルドアップの起点としてチームに欠かせない存在だった

サイドバックでピッチの幅を使ってパスを呼びこみ、前にいるサイドハーフにパスを出すと見せかけて、中央にドリブルで運び、相手を引きずり出してから味方にボールを預けるプレーが長所になりました。決して派手なプレーはしませんし、物静かな子ですが、実は効いていると いう選手です。

東山との決勝戦で決勝点になったMF木村匡吾のヘディングシュートは、中尾のクロスがアシストでした。ボールを保持したMF田口裕真を追い越すクロスオーバーからのクロスは、このチームの得点パターンの一つになっていました。この形から出来過ぎと言ってよいくらい見事な得点を奪えましたし、欠かせない存在でした。

〈3番・田口大慎〉

彼は、全国大会の先発選手では唯一、特待生ではなく、一般生として入って来た選手です。入学時点では、トップチームで試合に出るイメージはできていなかったと思います

スタメンでは唯一、特待生ではなく、一般入試で入ってきた田口。3年生になってトップチームに上がった努力家

し、岡山県の小・中学生の指導者も「えっ、田口が全国大会の決勝に出ているの？」と驚かれたと思います。入学後、ずっとサードチームで頑張ってきて、3年生になってからトップチームに上がった選手です。

センターバックのポジションは、主将の井上斗嵩が中心でしたが、相方がなかなか決まりませんでした。そこで、ヘディングが強い特長を持った田口大慎を起用することになり、彼は試合経験を重ねることで力をつけていきました。

本来は、ボールを奪った後、攻撃につながる選択肢を持っていてほしいのですが、彼にはそこまでの余裕がなかったので「ヘディングだけは負けるな。あとは、ボールを奪ったらすぐに味方に預けていいし、周りが見えていなかったら、前線の今井拓人に向かって蹴ればいい」と、かなりシンプルにプレーすることを求めました。フィジカル能力は高い方でしたし、やっていくうちに、パスも含めてどんどん良くなっていきました。地道に頑張って来た、私たちが求めている「高校サッカーらしい、高校生らしい選手」でした。

chapter

2

岡山学芸館
サッカー部の歴史

22年度は、夢のような1年の締めくくりとなりましたが、これまでの積み重ねが実ったものだと思います。少し古い話にもなりますが、この章では、チームがどのような経緯で長年に渡る強化を行ってきたのかを紹介したいと思います。

空き地が拠点、サッカーよりも生活の指導からスタート

近年は、高いレベルの競争に身を置くことができていますが、本校サッカー部の歩みは、何もないところからのスタートでした。私が岡山に来た03年、学校のグラウンドは野球部が使用していました。サッカー部は、どこで練習をしているのだろうと思っていると、顧問の先生が「案内します」と車で5分くらいの場所に連れて行ってくださったのですが、そこはただの空き地でした。今は、ショッピングモールになっていますが、雑草が生い茂った空き地の中央に土のエリアがあって、そこにゴールが2つ置いてありました。鉄製の重いポストのゴールをみんなで練習の度に運びました。もちろん、部室もありません。雨が降れば木陰で着替える日々でした。練習で使うコーンやボールを毎日、吉谷と2人でハイエースに積んで運びました。自分が学生の頃のプレー環境がいかに恵まれていたかを思い知ると同時に、今の時代に、まだこんな状態のサッカー部があるのかと驚きもしました。

当時は、選手権に出たいなどの目標を立てられるような状況ではありませんでした。部員は、20人程度。私と吉谷も若かったので、練習に自分たちも一緒に入ってプレーする形で指導を始めました。

ただ、当初はサッカーの指導よりも、生徒指導がメインでした。非常に恥ずかしいことですが、練習場に来た生徒からタバコの臭いがしたため、問い詰めると学校から移動する間に吸っていたことが判明するといったことも珍しくありませんでした。

自転車の二人乗りを注意したり、ローファーのカカトを踏んで履いている生徒を指導したり……。生徒が出入りをしているらしいというパチンコ屋を巡回したらサッカー部員がスロットを打っている姿を見つけたこともありました。

しかも、ほとんどの選手が挨拶さえまともにできない。目も合わせずに「ちわーす」とやる気のない挨拶をするので、「日本語に『ちわーす』なんて言葉はない。『こんにちは』だ。立ち止まってしっかりと相手の目を見て挨拶しろ」と注意するところから始まりました。

兵庫県に遠征したときは、集合時間に出てこない生徒がいて、部屋を見に行ったら風呂でタバコを吸っていたので、チームバスには乗せずに帰らせたということもありました。サッカー以前の問題として、高校生として正しい生活を送ることができなければいけません。今とは違い、当時はヤンチャな生徒が多く、校則違反を正すことからのスタートでした。

ブラジル人留学生に頼っていた草創期

私が来る数年前、学校は、金山学園から岡山学芸館に校名を改称して学校改革を打ち出しました。少し時間はかかりましたが、学校の風紀は年を経る毎に改善されていきました。

サッカー部は、改革当時からの強化指定部の一つです。私と吉谷がコーチとして指導を始めた03年は、3年生にU－18日本代表の苔口卓也選手（後にプロとしてカターレ富山などで活躍）がいる玉野光南高校と県大会の準々決勝で対戦しました。前半は苔口選手が出場せず、こちらが先制。後半から苔口選手が出場して逆転負けを喫しましたが、当時の岡山県は、作陽高校と玉野光南高校の2強で、その2校は雲の上の存在でした。

私たちと同じタイミングで入学して来た世代は、学校がサッカー部強化を掲げたことで入学してきていた国体の県代表候補もいましたし、校長先生が連れて来たブラジル人留学生もいたので、彼らが3年生になった05年には、高校選手権の県大会で初めて決勝に進みました。結果的には作陽高校に1－3で負けてしまい、まだ2強に太刀打ちできるような状況ではありませんでしたが、ベスト16、ベスト8くらいは狙えるチームになっていました。

ちなみに私が監督になる08年以前、外部指導員の馬場博志さんが監督をされていた時期に、新人戦で県大会を制したことが1度あります。

2008年、私が監督、吉谷がコーチの体制に。当初は新入部員の勧誘などでも苦労が絶えなかった

高原&吉谷体制、嵐の船出

当初は、私と吉谷のどちらかが馬場さんと一緒にトップチームを見て、もう一人がセカンドチームを指導する形を採って、チームをサポートしていました。しかし、08年に馬場さんが急に辞めることになり、私が監督を引き継ぐ形になりました。実は、この頃は苦難の時期でした。馬場さんが辞めてしまったことで地元の中学生チームとのつながりが薄くなり、以前のように選手を送ってもらえないようになってしまいました。

私と吉谷は、元々、岡山に縁がなく、まだ信用を得られていませんでしたし、私たち2人が前任者を追い出したのではないかという根も葉もないうわさも立ちました。保護者が集団で押しかけてきたり、学校に「あの2人では、勝てるチームにならない」

といった匿名の手紙が届いたりしたこともありました。

そんな状況でチームが強くなるわけがありません。2009~10年あたりは部員も少なく、たちまち弱体化して2強との距離は遠のいてしまいました。弱かった時期は、遠征で対外試合を繰り返して強化を図りました。私の母校である東海大五高校が主催するフェスティバルに参加させてもらったり、高校の先輩である柳ケ浦高校（大分）監督の野口先生に練習試合をしてもらったり。人脈の広い平先生の教え子だということで、多くの指導者の方が協力してくれました。

また、使用用具のメーカー契約をさせていただいたPUMAさんの縁で、親善大会のプーマカップに参加させてもらい、大津高校（熊本）、佐賀東高校（佐賀）、鵬翔高校（宮崎）といった強豪校とも試合をさせてもらいました。私たちは、まだ全国大会に出場経験のないチームで「どこだ？」と言われていましたが、全国的な強豪校との真剣勝負ができる環境を提供いただいたことはいい経験になりました。

そして、この頃から全国的にジュニアユース世代のクラブチームが増え始めていたので、いろいろなチームに練習試合を申し込んで交流を増やして、良い選手がいれば声をかけさせてもらうようにしました。何より、選手を勧誘するにあたって、地元のチームは欠かせない存在です。私たちが意地を張ってそっぽを向いてしまったら、関係は改善できません。最初は良い関係性を築けていなかった地元の中学校チームとも少しずつ、練習試合をしたり、話をさせてもらったりして関係改善を目指しました。その結果、徐々に私たちの考えや指導方針も理解していただけるようになっていったように思います。

「県内の子」育成にこだわった理由

私が監督に就任した年、最初に掲げた目標は「応援してもらえるチームになること」でした。校長先生にも「強いチームにできるか分かりませんが、応援してもらえるチームにすることには、自信があります」と言った覚えがあります。

しかしながら、まだ当時は学校生活がいい加減なサッカー部員も多く、校内でも応援される存在にはなれていませんでした。部活動とは直接関係のない先生たちにも応援される存在にならないといけないし、地域の方からも応援される存在にならなければいけないと考えていました。

後に、選手の獲得方法として行っていたセレクション方式を止めたのも、地域に応援されることを重視したからです。当時は、走力を計測したり、対人練習を繰り返したりして、選手の能力を見定め、より能力の高い選手を獲得しようと考えてセレクションを行っていました。しかし、特待生を選ぶセレクションで不合格になった県内の子どもたちが、それなら違う高校に進もうと考えるようになり、県内から進学する子が増えなくなってしまいました。県内の子どもがいない状況で岡山県代表になっても、素直には応援してもらえないだろう思っていたので、県内の子が選びにくくなるようなら、セレクションは止めようということになりました。

23年度に全国優勝をして岡山に戻ったとき、本当に多くの方に祝福していただきましたが、もしも県内の子がほとんどいないチームだったら、どうだったかなと思います。岡山県代表が日本一になったということは評価していただけたかもしれませんが、今回ほど「勇気をもらった」などと言って喜んでもらえたかどうかは、分からなかったと思います。

初めての全国大会、静岡学園に0 - 9の大敗

話を戻しますが、初めて「岡山でチャンピオンになれるかもしれない」と思ったのは、現在コーチをしてくれている三宅雄高《ゆたか》が3年生だった12年です。部員も50名程度に増え、ようやくチームとしての志向を描けるようになりました。このチームが、初めてインターハイの全国大

会出場を果たしました。

県大会決勝戦は、作陽高校との対戦でした。相手は、米原祐選手（SC相模原やいわてグルージャ盛岡などでプレー）や河面旺成《かわづらあきなり》選手（大宮アルディージャ→名古屋グランパスでプレー）が3年生、平岡翼選手（FC東京や栃木SCなどでプレー）が2年生にいて、その年の冬の高校選手権では全国ベスト8に入る強いチームでしたが、PK戦で勝つことができました。

初めての全国大会は、出場できた喜びが大き過ぎました。とにかく楽しもうという気持ちで、相手のスカウティングもそれほど力を入れていませんでした。1回戦は、名東高校（愛知）と五分五分の勝負でPK戦により勝利。2回戦は、盛岡商業（岩手）に2－1で逆転勝ち。とんとん拍子に勝ち上がりましたが、3回戦で現実を突きつけられました。静岡学園（静岡）を相手に、立ち上がりは良いリズムで試合を運べて、もしかして行けるのではないかと思ったのも束の間、ボッコボコにされて0－9で敗れました。初めて、本当のトップレベルは、こんなに違うのかと思いました。

相手には、3年生に木部未嵐（松本山雅FCに加入）、2年生に米田隼也（V・ファーレン長崎）といった優れた選手がいました。当時3年生だった三宅コーチは、当時を振り返って「3点、4点と取られて、どうすればいいのかと思ってベンチを見たら、先生たちは2人とも下を向いていた」と言っていました。力量差を見せつけられて打つ手がなく、私たち指導陣もパニックになってしまいました。ただ、早く試合が終わることだけを願う、なんとも無力な存在でした。

それでも手応えのあるチームではあったので、冬の選手権でも全国に挑戦しようという気持ちだったのですが、足下をすくわれました。県大会は、準々決勝でシュートわずか2本で2点を取られて1－2で敗れました。そんなにうまくはいかないものです。私たちの目標も、まだ岡山県を制することから前進はできませんでした。

海外遠征で受けた衝撃

同じ年には、スペイン遠征で衝撃を受けました。本校は、08年に私が監督になってから、サッカー部独自の海外研修を行っています。12年は、レアル・サラゴサの育成組織のチームと試合をしたのですが、相手のフォーメーションが可変式のシステムだったのです。

最近では攻撃と守備で布陣が異なる戦い方や、攻撃時にポジションを変えながら攻める方法は珍しくなくなりました。しかし、当時は珍しいものでした。相手は、4－4－2の布陣でしたが、ボールを持つと、サイドバックが極端に高い位置まで押し上げて来て、ダブルボランチの1人が最終ラインに加わり、2人のセンターバックと3人でパスを回しながら、攻撃を組み立てていました。

私たちは経験したことないシステムに「えっ、これ、どうやって守ればいいの？」と困惑しました。整理できないままボールを奪いに行けば、1本の精度の高いパスであっという間に最終ラインの背後を突かれて失点。この試合でも0－9で大敗を喫しました。すごい面白いサッカーをするなと衝撃を受けました。自分たちがポジションを変えることで、こちらがどう出るかを見て、プレーを選択しているというのが分かり、非常に興味を持ちました。

チームが盛り返す大きな要因は、新たなグラウンド

私が監督になってからしばらくの間は、選手の勧誘で苦しんだことを先に記しました。そこから12年の全国大会出場までの間、地道な交流と勧誘を続けたわけですが、学校側の協力が大きかった点も、盛り返す大きな力となりました。全国出場を果たした年に、現在の活動拠点である人工芝グラウンドが完成しました。寮が併設されたのは17年でもう少し先なのですが、こうしたハード面の改善は、選手の勧誘に大きく役立ちました。

ただ、実は人工芝グラウンドはもっと早くできる予定でした。選手を勧誘する際の誘い文句

初めてインターハイの全国大会に出場した2012年、人工芝グラウンドが完成。2017年には寮が併設された

にしていたのですが、なかなか工事が進みませんでした。もちろん、私たちは騙したわけではなく、学校に確認を取って完成予定を伝えていたのですが、結局、グラウンドができないまま卒業した世代もいました。私たちも学校に「これじゃ、ウソつきになってしまいますよ」と言っていました。なかなか簡単ではないのだとあらためて感じましたが、学校がハード面を強化してくださったことは、チームが盛り返す大きな要因になりました。

伝説の主将・岡崎修也

全国大会に再び出場したのは、15年のインターハイです。この年のチームには、忘れられないキャプテンがいました。控えGKだった岡崎修也という選手です。現在は、神奈川県1部リーグの鎌倉インターナショナルでクラブスタッフ兼任プレーヤーとして活動しています。

彼はチームミーティングでも、熱い言葉で選手に力をくれる存在でした。インターハイ予選県大会決勝の玉野光南戦は、彼はベンチで私たちの隣にいましたが、試合中もずっと声を出し続けて、勝った瞬間に泣き崩れて喜んでいる姿には、気持ちの伝わって来るものがありました。自分が試合に出られなくても、チームを勝たせたいという思いを全力で出してくれる選手でした。チームのために何ができるか、常に考え、行動できる情熱的な力で言えば、歴代でも一番と言えると思います。この頃から全国大会に毎年のように出られるようになり、少しずつチームの目標意識が高くなっていきました。

全国高校選手権に初出場

次の16年の3年生は、1年生の頃から強かった世代でした。初めて岡山県で3冠（リーグ戦、インターハイ、高校選手権）を成し遂げましたし、内容面でも見ていて面白いサッカーをしていました。

全国高校選手権は、私が選手の頃にピッチに立つことができなかった舞台。ほかの大会とは雰囲気も盛り上がり方も違い「これが選手権なんだな」と感動したのを覚えています。自分自身が憧れて来た舞台に、選手としては立てなかったけど、指導者として立つことができた喜び

2016年、予選決勝で玉野光南を4－2で下し、念願だった全国高校選手権初出場を決めた

がありましたし、本当に弱かった岡山学芸館がその舞台に進めたことを考えて「ついに、この時が来たか！」という思いでいっぱいでした。選手が羨ましいという気持ちも少しはありましたが、それよりも彼らと一緒にこの舞台を戦えるという喜びが上回りました。

大会は山梨学院高校（山梨）に0－1で敗れて初戦敗退でしたが、必ずまたこの舞台に戻って来ようと思いました。この頃から、少しずつ全国大会で戦うチームへの道が拓けていったような気がします。

この時の1年生は、18年に高校選手権で初めてベスト16に進出。遠野高校（岩手）、仙台育英高校（宮城）に勝ち、3回戦では、全国ベスト4まで進むことになる瀬戸内高校（広島）に1－2で競り負けたのですが、その戦いぶりを見て、私は、初めて全国大会でもある程度は勝負ができそうだという感覚を得ました。

「全国制覇」の横断幕登場

「全国制覇」の横断幕を掲げるようになったのも、この頃です。作陽高校が「全国制覇への道」と掲げるのは、06年度の第85回大会で準優勝を経験しているので、誰もが納得するところですが、私たちは、まだ時期尚早。恥ずかしい気持ちもあったのですが、でも、言葉にしたことは、もしかしたら大きかったのかもしれません。

私と吉谷は、学校で保健体育の授業を担当していますが、ほかに「七つの習慣」という自己啓発の特別プログラムの授業があります。私も吉谷もファシリテーターの資格を持っています。その中の一つに、人生の成功者には七つの共通点があるという話があります。目標設定は、目に見える形にするのが一番良いとされていて、ハーバード大学で学生にアンケートした内容ですが、「あなたには夢がありますか」という質問に「ある」と答えた人は「ない」と答えた人に対して10年後の年収が2倍ほどになり、さらに目標設定を目に見える形にしていた3%の人は、10倍になっているという調査結果が残されています。

まだまだ全国優勝には遠い実力ではありましたし、選手には、言葉で「全国制覇を目指すぞ」とは言っていません。全国優勝をした22年でも目標は「全国ベスト4に入る」でした。それでも、全国制覇という大きな目標を、横断幕という目に見える形にしていたことが、今にして思えば、良かったのかなと思います。

学校経営とチーム強化の関係性

チーム強化の歴史を振り返る際、学校の協力は、欠かすことのできない要素です。人工芝グラウンドと寮の新設をはじめ、多くの理解と協力に感謝しています。

現在、隔年で行っている海外遠征も、私が監督になってすぐに、学校全体での海外研修の代わりに、サッカー部は単独で研修を行う形にさせてもらえませんかと提案してOKをいただきました。森健太郎校長先生が、サッカーに理解があることで、私たちは非常に助かっています。勝てなかった時期も成績を出せとプレッシャーをかけられたことはありません。いつも「次、頑張れ」と言っていただきました。

当初、私は2年か3年経ったら福岡に戻ろうと考えていましたが、私立で学校も環境を整備して強化に協力してくれるということもあり、やり始めると、ここでとことんやって「てっぺん」を目指したいと思うようになりました。いろいろと、現場から無理なお願いをすることも増えましたが、学校が理解を示して協力してくれましたし、だんだんと「日本一を取って恩返しをしなければいけない」と思うようにもなりました。

チーム強化には、環境整備のほかにも、遠征費の確保や授業料免除等の特待生制度など、様々な部分でお金がかかります。チームを強化したいと言うだけでは、協力してもらえません。ほかの部活動も力を入れるようになり、学校全体で部活動の特待生を減らす方針になった2017年〜18年頃に、私はサッカー部の特待生を減らさないでほしいと理事長に訴えました。当時、サッカー部は、12年にインターハイの全国大会に出場。15年からは連続して全国大会に出られるようになっていましたが、一度成績が落ち出したら、上がって来るのはかなり難しいだろうとも思っていたので、非常に重要な時期でした。

説得するには、相手が納得する材料が必要なので、日本における各競技の競技人口比率の比較表を用意したり、トップチーム以外は試合がなかった昔とは違い、現在の高校生は、トップチームやセカンドチームがそれぞれにリーグ戦を戦っていることの説明をしたりして、安定して力をつけていくために必要な人数だと理解してくださいと言いました。

その際、特待制度も用いて生徒を預かる以上は、こちらも責任を持たなくてはいけないと考え、サッカー部として目指す目標を3つ掲げました。一つ目は、チームとして日本一になること。二つ目は、Jリーガーを輩出すること。三つ目は、文武両道を重んじる校風なので、サッカー部から国公立大学の合格者を毎年輩出することです。理事長も「そこまで考えているなら、ちょっと無理をしてでも確保する」と約束してくれました。

22年12月に、OBの永田一真が23年シーズンからJ3のテゲバジャーロ宮崎（24年シーズンよりヴァンラーレ八戸へ完全移籍）でプレーすることが決まり、23年1月には日本一を達成しました。まぐれとは言え、こんなに早く達成するとは思っていませんでしたが、強化策を理解してくれた学校への恩返しも考えると、本当に達成できて良かったと思います。

今年度の卒業生は歴代最多の国立大学（名古屋、九州、広島、滋賀、徳島）へ5名進学するほど文武両道を実践してくれた。

ファジアーノ岡山U‐18は、校友であり、負けられない敵

先ほど、特待生制度に触れましたが、実はちょっと特殊な事情もあって、どうしても確保する必要がありました。森健太郎校長先生は、J2のファジアーノ岡山の専務理事にも名を連ねています。小中学生時代の旧友であり、ゴールドマン・サックスの執行役員だった木村正明さんをファジアーノの社長に引っ張って来た経緯もあり、本校は岡山県のサッカー界を盛り上げていく役割を持ち、ファジアーノと協力体制を取っています。そのため、本校は、Jクラブの

育成組織であるファジアーノ岡山U-18の選手の受け入れ先にもなっていて、ここでも特待生制度が存在します。

例えば、同じ選手にファジアーノも声をかけたとします。提示できる特待生制度が同じであれば、ほとんどの場合、選手はJクラブに進みたいと考えます。少なくなる特待生の枠をファジアーノが使い、私たち部活動が使えなくなれば、私たちは対抗できなくなってしまいます。それだけは避けたいという思いもあり、必死で説得しました。

そんな経緯もあるので、ファジアーノ岡山U-18には負けられません（笑）。プリンスリーグ中国で対戦するときは、毎試合いつも熱戦です。選手も、小・中学生の県内のエリート選手が多いファジアーノに対しては、強い対抗心を持っています。部員のなかには、ファジアーノのセレクションに合格できなかった子や、U-15からU-18に昇格できなかった子もいます。

また、両チームの選手全員が同じ学校に通っているので、基本的には仲が良いです。だから、互いに意地でも負けたくないという気持ちも生じます。23年度は、プリンスリーグ中国でファジアーノ岡山U-18が1位、本校が2位でした。ともにプレミアリーグ参入プレーオフに進んだのですが、ファジアーノは昇格に成功。私たちは負けてしまいました。今度こそ、私たちも昇格したいと思っています。

支援者の方々のサポート

本校サッカー部の強化とって学校の協力はもちろんですが、地域の方々のサポートも欠かすことができません。

19年からサッカー部員数名が、那須食品社長のご自宅に3年間、下宿生としてお世話になることになりました。

那須食品さんは、寮の食事を3食、提供してくれている会社です。それだけではなく、普段から大会で優勝すれば、選手たちに無償でバーベキューをしてくださったり、大会に出場するたびに、フルーツや弁当、飲み物等の様々な差し入れを提供してくれたりしています。全国大会に向けて出発する日にはダンボール数箱にもなる差し入れをいただき、それをバスに積み込み持っていきます。頑張る生徒を応援、支援してくださる那須食品様には感謝しかありません。

話を戻しますが、どうしても学芸館でサッカーがしたいという部員のうち、金銭的に困っている生徒に対して、那須さんがご自宅の2階の空き部屋を提供してくださり、下宿生として受け入れてくださっています。多い時には、5名の生徒を預かっていただいた時もあります。22年度の大会で日本一になったメンバーの一員GK平塚、MF田村は那須下宿生として、3年間お世話になりました。那須さんには親元を離れた彼らの母親がわりとして面倒を見ていただき、時には厳しく、時には優しく、まるで我が子のように接していただきました。当然、那須さんに3年間面倒をみていただいてるので、選手の保護者も感謝しかありません。寮費を支払うよりも、低額の費用で他人の子どもたちを面倒見てくれる方など、日本中を探してもなかなかいるとは思えません。

また、藤田住建の藤田社長にも、部室を無償で提供していただいたり、部室の椅子を檜で作ってくださったり、練習用のコーンをプレゼントしてくださるなど、サッカー部員のために、多くのご支援をいただいています。

こうした学校とは関係のない支援者の方のサポート無くして、日本一にはなれなかったと思います。本当に感謝しております。

寮の食事を提供してくれている那須食品社長の自宅に、毎年部員数名が下宿させていただき、3年間我が子のように面倒をみていただいている

チームエンブレムを自らデザイン

特待生の生徒数確保の際には資料を作りましたが、この手のことは、苦手ではありません。ほかに、主に保護者の方向けに使う、部活動紹介パンフレットなども作りました。最初は、プリントアウトしたものをホッチキスで止めただけのものでしたが、3、4年ほど前にきちんとした冊子にしました。

チームのエンブレムやロゴ、ユニフォームやチームバスのデザインなども、私が携わっています。エンブレムは、学芸館＝GAKUGEIKANでGが2つあるので、アルファベットを重なるデザインにしてほしいと美術の先生に頼んで作ってもらったものです。ライオンの顔を用いたロゴも、私のアイデアです。高校サッカー界の百獣の王になろうという意味を込めました。

ちなみに、私の出身校である東海大五や東海大学は、虎を用いたデザインを使っています。チームバスは、最

チームバスには私がデザインに携わったエンブレムやロゴに加えて、「Gライオン」というマスコットキャラクターがプリントされている

初は真っ白でしたが、用具スポンサーのPUMAのラインを生かしたデザインを考えました。「Gライオン」というマスコットキャラクターも作りました。こちらも、アイデアを伝えて美術の先生に描いてもらったもので、LINE用のスタンプにもなっています。

練習着やスタッフウェアは、市販のものですが、私がデザインを選んでいます。一応、選手たちからは好評だと聞いています（笑）。

力を出し切れなかった2021年の後悔

話をチームの歴史に戻します。これまでの全国大会でベスト8が最高だった私たちが、22年度に突然、高校選手権で全国優勝を果たすことになるのですが、前年の教訓が生きた部分はあるのかなと思っています。

21年度高校選手権大会に出場しましたが、2回戦で高川学園高校（山口）に敗れました。コーナーキックの際、ゴール前でパスの受け手となる選手が円陣を組んでグルグルと回る「トルメンタ」の餌食になったチームの一つが私たちでした。この敗戦は、私にとっては全然、納得のできない負け方でした。本来の力を半分も出せていないという感覚だったのです。

ベンチから見ていて、もっとボールを動かして相手を揺さぶればいいのにと思っていたのですが、選手に余裕がありませんでした。緊張感のある舞台で力を出し切ることがどれだけ難しいかをあらためて感じた大会でもありました。だから、22年度のチームには、とにかく、自分たちがやってきたことを100％出し切れる大会にしてあげたいと思っていました。

全国大会に出場すると、トーナメント形式ということもあり、とにかく勝ちたい気持ちが大きくなります。それは、臆病になることにもつながり、失敗を恐れるようになり、正しくリスクを負うことができなくなってしまいます。だから、22年度は、どの試合でも、勝ったか負けたかというだけでなく、内容面で出し切れたかどうかを重視しました。対戦相手によって、戦い方を大きく変えることもなく、自分たちのやってきたことをぶつけることだけを考えました。それで上手く力が出せたのかなと思います。

chapter

3

人づくりと組織づくり、チームづくり

学芸館サッカー部のアイデンティティ

サッカー部では『高校生として勉学、部活動に励む文武両道の実践、また礼儀を重んじ、感謝の気持ちを持ち続ける心を養おう』と常に指導しています。

その中で大事な6つの言葉を部共通のアイデンティティとして掲げ、活動しています。

①誇り……学校、チームに誇りを持つこと
②責任……学生として、サッカー選手としての文武両道
③覚悟……どんな状況においても3年間サッカーで勝負する覚悟
④礼節……高校生としての挨拶、身だしなみ、立ち振る舞い
⑤団結……部員一人ひとりが、自分のチームである意識をもつ
⑥感謝……学校に通えること、サッカーができること、仲間と出会えたこと、家族への想い

和をもって個を制す

チームコンセプトの1つでもある言葉です。サッカーはチームスポーツであり、一人ひとりが力を合わせれば、一人で勝てない格上の相手にも勝てるということです。

全国大会では、個の技術、フィジカル、メンタル等それぞれ、ずば抜けた選手が多くいます。そんな相手にどうすれば勝ち目があるのか、選手に問う事があります。一人が二人分の仕事をすること。サッカーで言えば、11人が2人分のプレーを意識することで、22人のチームになる。それぐらい相手よりも走り、競り、ゴールを目指し、ゴールを守る意識を植え付けることができれば、格上相手にも勝負になるということです。

小学校低学年の国語の教科書に『スイミー』という童話が掲載されています。私はこの話をよく引用しています。小さな魚は一匹では大きな魚に太刀打ちできませんが、皆が集まって大きく見せれば、どんな強い相手でも勝負ができるのです。

一人ひとりがチームの勝利のために、自分の役割をまっとうし、困っている味方がいれば、助けに行くそれがチームスポーツの良さだと思います。

大事なのは「チームのために」と考えられる選手

まず「人づくり」について。全国優勝を果たしたチームは、自然とチームを引っ張ることができる選手が多かったのが最大の特徴でした。主将を任せたくなる選手がいない年もありますが、本当に他人のために頑張れる選手が多かったです。試合に出られない選手のため、支えてくれた家族のため、携わった指導者のため。そういう思いを持ってプレーできる選手が多い学年で、主将を任せたい選手が4人くらいいて、誰にしようか迷うほどでした。「チームのために」と行動できる選手が多かったことは、チームが成長できた大きな要因だったと思います。プレーが認められて、なおかつ人間性で周囲からも評価の高い選手は、下級生から憧れられるもので、その対象になれる選手が非常に多いチームだったと言えます。

しかも性格的に素直な子が多い世代でした。褒められているときでも、課題を指摘されているときでも、他人の話を自分の頭で整理しながら、スッと聞き入れる心を持っていました。高校生は、まだ未熟ですし、多感な時期でもあります。とりあえず返事をしておけば良いと聞き流しているケースや、話をする前から自分の考えにこだわって他人の意見を聞き入れようとしないケースも多々あるものです。でも、彼らの目を見て話していると、理解しようとして話を聞いているのが、よく分かりました。理解できなかったり、腑に落ちなかったりしたら、質問をして来る選手もいました。話をして、すぐに変われる選手は、なかなかいません。でも、彼らは変わろうとしている姿が見て取れました。上手くいかずにイライラしたり、葛藤したりして、気持ちのコントロールができなくなる選手もいましたが、なかには真剣に課題と向き合っているからこそ出来ない自分が悔しくて涙を流す選手もいました。また話を始めた時点から「なんで、こんなことをしてしまったんだ」という顔で良くない自分と向き合っていると感じる選手もいました。

木村匡吾は、自分自身とよく向き合った選手だと思います。夏のインターハイの直前、プーマカップという熊本県で行われた親善大会に行きました。木村は、チームに良い影響を与える選手になりたいという気持ちを持っていましたが、プレー面でも、コーチングでも思うようにいかず、苛立っていました。すると、試合中に余計なファウルをするなど、自分をコントロールできなくなってしまいました。もちろん、私は怒りました。ファウルをするという行為がそもそもいけませんが、チームの事を考えず、自分の気持ちだけになって苛立ちを表現する選手がいることは、チームにとってはマイナスです。周囲が、木村の苛立ちに気を遣ってプレーしていました。

木村は、チームの中心選手と言える存在でした。しかし、主力だからと言って、ほかの選手と違う扱いをするということは、絶対にしたくありません。主力であってもなくても、やるべきことは変わらないからです。主力だけ特別扱いすれば、周りの選手は納得しません。だから、どちらかと言えば、試合に出ている選手の方が厳しい指摘をしていることが多いかもしれません。能力が高くても、チームに貢献できない人材であれば、先発から外したり、トップチームから落としたりすることもあります。

もちろん、選手が理解するまで時間がかかることもあるので、ほかのスタッフがサポートしながら諭していくこともあります。ほかのスタッフが少し声をかけることで前向きに頑張ろうとする気持ちを取り戻すかもしれません。

木村は、熊本での親善大会のときには、私から厳しく注意を受けました。泣いて落ち込んで、一人だけグラウンドの隅に残って、周りと関わろうとしませんでした。その時、私の恩師である平先生が「木村に声をかけるよ」と言って、木村と1対1で話をしてくれていました。選手も人間なので、気持ちのはけ口がないと行き詰まってしまいます。私とコーチの吉谷の2人で長くチームを引っ張って来ましたが、今は平先生だけでなく、教え子がコーチとして戻ってきていることもあり、複数のスタッフで選手を見ることができているのもきっとチームに良い影響を与えていると思います。

道は自分で切り開く

選手を複数の視点で見てあげることは必要だと思っていますが、一方で、スタッフが支えなければ頑張れないということでは困るとも思っています。今は、学校の理解もあり、スタッフが8人いて、各カテゴリーのチームに必ず1人ずつ付く形になっています。自分自身の高校時代と比べると、随分と恵まれているようにも感じます。私たちの時代は、多くの学校が監督とコーチでトップチームを見て、セカンドチームにコーチがもう1人。そこから下のカテゴリーになると、ほとんど見てもらえていないというケースが少なくありませんでした。

だから「どうにかして這い上がって、見てもらえる存在になろう」と努力をしたものです。時代が変わっているとは言え、常に大人がついてサポートしなければ頑張れないというようでは、いずれ選手が大人になった時に困るはずです。サッカー部の指導方針の最後に「道は自分で切り開く」と入れていますが、自分で頑張っていけるメンタルを、選手には備えてほしいと思っています。年齢的なことで考えれば、誰もが自分より先に親がなくなる可能性の方が高いです。いずれ、親には頼れなくなり、自分の人生を自分の力で進んでいかなければなりません。

選手をサッカーの成績面から見ると、3年間頑張ったのに大きな大会に出場できなかったとか、トップチームに上がれなかったとか、そんな見方をするかもしれません。もちろん、目標を達成することはすごく大事です。しかし、もっと大事なことは、高校3年間で、自分の課題と向き合って成長し続ける気持ちと行動力です。選手にも「オレたちスタッフがサポートはするけど、お前をすぐにトップチームにふさわしい選手にしてあげることはできない。神様でもないし、そんな力はない。自分を変えるのは、自分自身だから、そのエネルギーは自分で持たないといけないよ」と話をしています。

「心・技・体」は、掛け算

私は、人は変われるものだと思っています。物事の考え方が間違っていれば、行動も間違ってしまうと思いますが、考え方を直せば変わると思います。どんな考え方をしているかを見極めるのが大事です。素直な気持ちで話を聞けない選手がいたら、考え方を植え付けていかなければいけません。

人間性は、根本的な部分です。いくら能力が高い、技術が高いという選手でも、人間性の部分で適当な選手は、チームがしんどくなったときに楽をしてしまったり、自分の気分が勝ってしまって余計なファウルをしてしまったりします。そういう選手は、信用できないので、大事なときには試合に起用できません。最後に任せられるのは、いつもコツコツと真面目に努力し続けているような選手です。

選手権全国大会の準決勝、神村学園との試合で、利き足ではない左足でゴールを決めた岡本温叶は、普段から誰よりも練習をしていました。大事なときには、やはり人間性のしっかりしている選手が結果を出します。岡本はキック精度の高い選手ですが、身体のサイズがあるわけではありませんし、運動能力が特別に高いわけでもありません。でも、常日頃から努力を怠らない彼のような選手が大舞台で結果を残すものです。「勝負の神様は細部に宿る」私が大切にしている言葉です。

18年度卒業生の永田一真も、とにかく頑張れる選手でした。九州大学リーグ1部でMVPを獲得し、23年に福岡大学を卒業してテゲバジャーロ宮崎に加入しました。彼のストロングポイントを挙げろと言っても、スピードも技術も飛び抜けたものはありません。でも、チームのために手を抜かず、とにかく走り回り、ハードワークができます。だから、彼は中盤からでもある程度の得点を決めることができますし、守備でも頑張れます。彼の世代が3年生だった18年、高校選手権の岡山県大会は、決勝で作陽高校と大激戦を繰り広げました。2点をリードされる苦しい展開から追いつき、延長戦の終了1分前にゴールを決めて3－2で勝つことができました。その試合で決勝点を決めた鶴海翔大（当時3年）は、セカンドチーム、サードチームでずっ

2018年度のキャプテンであり、10番を託した永田一真は人間性に優れた選手で、大学卒業後、プロへと進んだ

と頑張り続けていた選手でした。

人間性は、すべてににじみ出ます。部活動でも、学校生活でも、社会でも同じです。だから、人間性の部分がしっかりしていないと、どの世界でも評価されないし、成功しないのだろうと思います。能力が高い選手も、いずれ能力だけで通用しなくなったときに、成長できるかどうかは、人間性の部分が問われると思います。プロ野球の大谷翔平選手（ロサンゼルス・ドジャース）のように、能力が高くて人間性も備えた選手には、太刀打ちできないと思いますが、その両立が簡単ではありません。

心技体は、掛け算。心がゼロならゼロ。マイナスならマイナスになるという考え方を持っているのですが、先日、京セラの創業者である稲森和夫さんの著書を読んでいたら「人生・仕事の結果＝考え方×能力×熱意」とあり、考え方がダメだったら成功できないという話で、同じだなと思いました。「謙虚にして驕らず」は大切にしたい言葉です。

親への十訓

高校生の年代は、子どもが親離れをしないといけない時期ですが、親が子離れをしなければいけない時期でもあります。

チームでは、保護者向けに以下のような「親への十訓」を設けていて、入部後の保護者会で説明しています。

①できるだけグラウンドに足を運んで、自分の子供だけでなく、他人の子供も応援してください。
②試合の結果や内容の出来、不出来を指摘しないでください。
③金品を過剰に与えすぎないでください。
④子供に家庭での一役を与えてください。
⑤他の保護者とサッカーを通じて交流し、楽しんでください。

⑥子供の前で指導者の批判はしないでください。
⑦食事は練習と同じです。十分な量を取るように心掛けさせてください。
⑧保護者、兄弟への挨拶はもちろん、近隣の挨拶も心掛けさせてください。
⑨試合観戦中、相手チーム、審判にクレームを言わないでください。
⑩自分の身の周りのことは自分でやらせてください。

基本的に保護者の方へお願いしたいことは、我が子だけでなく、子どもが所属しているサッカー部を応援してくださいということです。選手には、チームを大事に考えて、ほかの選手と協調して努力する大切さを伝えています。保護者が、我が子のことだけを考えた行動を示すと、選手がチームの中で学ぶ機会を失うことになりかねません。すべての選手の親が練習や試合を見に来れるわけではありません。自分の子どもが試合に出ないならもう帰ろうということでなく、仲間も応援してほしい。差し入れをするなら、自分の子どもだけにするのでなく、チームにするくらいの姿勢でいてほしいということを、保護者の方にはお願いしています。

チーム力とは選手、保護者、指導者が三位一体となり、力を合わせることで大きくなると思っています。

もちろん、誰もが完璧な事など、一度もありません。これからも、おそらくないでしょう。でも、そのときに大事なのはチームワークです。正しい考え方に気づけない子がいるのであれば、それを気づかせてあげようという話です。アイツは適当な人間だから放っておこうという姿勢では、その選手をチームの力にすることができません。チームを良くするためにチームメイトがいると考えてほしいと思っています。

「OURチーム」という言葉を使っていますが、みんなが「自分のチーム」として意識を持たないといけません。その意志を持っている選手が何人いるか。１５０人の部員の中で、何人の集団として戦えるのかという力に変わっていきます。全国優勝した高校選手権では、大会登録メンバーが30人。当日の試合登録は20人。入れなかった10人は、ほかの部員と一緒にスタンドから試合を見ることしかできません。１３０人の部員の多くが、スタンドで挑戦を終えることになります。

それでも、全員がチームのために行動できるかが大事です。ピッチで戦う選手はもちろん、試合に出られなかった選手の分まで走り切らなければいけません。試合に出られなかった選手は、自分の声や太鼓の音で、ピッチにいる選手を後押しする。優勝したときは、そんな気持ちが本当に一つになっていたと感じました。

チームとしては、大会のメンバーから漏れた選手のモチベーションをどのように維持するかが大事です。誰もが素直に「メンバーに入れなかったなら応援を頑張ろう」と最初から思えるものではありません。個々には悔しい思いを持っているのが、当たり前。「なんで、アイツが選ばれて、オレじゃないのか。応援なんかしたくない」という気持ちになる瞬間もきっとあると思います。正直に言えば、どちらの気持ちも必要だと思っています。チームの成功のためには、気持ちを切り替えて貢献する必要があります。でも、次の舞台で頑張るエネルギーを持つためには、メンバーに入れなかったことを心底悔しいと思う気持ちも必要です。だからこそ、気持ちを切り替えるのが難しいのですが、優勝した世代の選手は、本当によくやってくれたと思います。

本当に悔しかった気持ちは、その後の人生を頑張る力になると思います。自分がどういう目標を持って取り組むかはすごく大事で、目標がなければ、進みようがありません。私は、指導者になってチームの成績を求めて行く中で、目標設定を明確にし、自分が目指すゴールから逆算し、今何をしなければならないのかを整理することで、今回の素晴らしいご褒美をもらえたのかなとも思います。

大切なことは相互理解

優勝した世代は、素直な選手が多かったという話をしましたが、他人の意見を聞き入れる素直さは、スタッフにも大切です。ただし、私たちも意見をもらいながら、頭の中で整理して、採り入れなければいけません。

平先生は、長年のキャリアで多くの経験をされ、その中からアドバイスをしてくださっているので、すごく大事にしています。しかし、私自身が考えて決断しなければいけない立ち場であることは、変わりません。

例えば、MF山田蒼が不調に苦しんでいた時期に、10番が重荷になっているので、外してあげた方が良いのではないかと助言をいただきました。しかし、彼は独特の感性を持った、将来性の高い選手です。平先生は3年生になってからの姿しか見ていませんが、私は1年生からずっと見てきました。彼が苦しみを乗り越えれば、必ず大きく成長すると信じていたので、私の思いを突き通させてくださいということで、10番・山田を継続しました。

ほかのスタッフの意見を聞いて、考えてみることは、すごく大事です。彼らもチームの事を一生懸命に考えていますし、私からは見えないところを見てくれている部分もあります。しかし、どうしてもと思う場合は、自分の意見を採用します。仮に、うまくいかなかった場合、監督という立場にある以上は、自分が納得して責任を取れる状況になければいけないと思うからです。自分の考えではありませんでした、などという状態で接するのは選手に失礼です。

平先生には「頑固だな」と笑って言われてしまいましたが、22年度の全国高校選手権直前の練習試合の相手も、自分の意見を貫きました。全国ベスト4以上という目標を掲げていましたが、ベスト4以上ということは、青森山田高校（青森）や大津高校など常に全国大会で上位を狙うチームを倒さなければいけません。だから、実際に日本一に輝いたチームを相手に、どこまで戦えるのか、やりに行こうと考えて、私はその年のインターハイで優勝した前橋育英高校に、練習試合をお願いしました。前橋育英の山田耕介先生につないでくれたのは、平先生です。負けて自信を失う可能性もあるため、連絡をする前に「少し相手のレベルが高すぎないか。ボコボコにやられて、全国大会に向かうのは……」と危惧されていましたが「先生、お願いします」と言いました。

練習試合は1－2で負けましたが、内容的に手応えを感じられる試合ができました。相手は、能力も技術も高い選手たち。勝てるだろうとは思っていませんでした。ただ、本気でベスト4以上を目指すなら、どれくらい戦えるか知る必要があると思いましたし、私たちの選手がどれくらい強い気持ちで向かって行けるのかを知ることは楽しみでした。王者・前橋育英が相手なら、全国大会の直前で課題を得るか、自信を得るか。どちらでもメリットになると考えたことが、実際にうまく作用してくれたと思います。

初期に目指したのは「岡山で一番頑張るチーム」

次は、「チームづくり」について。全国高校選手権を優勝した際、チームがどのような練習をしているのかを聞かれることも多くなりました。しかし、思い返せば、チームの立ち位置も変わって来ていますし、時代も変化しています。練習メニューもいろいろと変わっていきました。

私が監督になった頃は、ピッチ半面で2対2とか3対3といったメニューが多かったです。常に相手と競り合いながら、広大なスペースを走り、球際の技術と体力を磨いていました。ゴール前で1対2、2対3の攻防といったメニューも、両ゴール前でのプレーを想定したもの。相手と競り合う状況でのプレー、動きながらのプレーを求めるものが多かったです。

縦長グリッドの5対5も、よくやりました。守備側は、最終ライン裏のスペースを警戒して下がりながらボールにプレッシャーをかけなければいけませんし、攻撃側はパスコースを生み出すために動き続けなければならないメニューです。まだまだ「上手い」と言われるようなレベルにはありませんでしたが「岡山県で一番頑張るチーム」になっていく土台にはなりました。

これらのメニューは、今でも行うことがあります。現代のサッカーでは効率が求められますが、やはり、戦うスピリットがなければ、勝負になりません。きれいごとだけで勝てるものでもないので、泥臭く頑張り続ける、ハードワークをするということは、基本的なベースです。

時代の流れに応じて変化

チームスタイルも、最初は選べませんでした。相手の方が上手くて強いという立場でしたので。ただどの世代でも、選手は勝ちたいものです。チームが勝つために可能性が高い戦い方を選びました。

当然、ボールを保持して攻めるという理想からは離れてしまい、葛藤を抱えていましたが、何を求めるかと言えば、スタイルを示すことではなく、勝つことでした。選手はチャンピオンになりたいはずですし、スタッフも参加するからには優勝を目指すべきだと思っています。その気持ちがなくなったら、指導者を辞めた方が良いとも思っています。もちろん、育成することを考えた戦い方や起用法も大事だとは思います。ただ、チャンピオンシップに出るからには、一つでも勝って優勝を目指すべきという考えが、根本にあります。

その後、入学してくる選手のレベルが少しずつ上がり、できることが増えていったという背景もありますが、どちらかと言うと、時代の流れを受けて、チームのスタイルや練習内容が変化していきました。私が監督になった年から、世界ではジョゼップ・グアルディオラ監督率いるバルセロナ（スペイン）が、華麗なパスワークで世界を席巻しました。私が影響を受けやすい性格なので、バルセロナを参考にしてポゼッションスタイルに注力した時期もありました。グアルディオラ監督が13年からバイエルン・ミュンヘン（ドイツ）、16年からマンチェスター・シティ（イングランド）を率いた時期には、彼が用いていた「偽サイドバック」というサイドバックに入る選手が、外側ばかりでプレーせず、相手のマークを受けずに中央に入り込んでパス回しの起点になるシステムも参考にしました。

リーグ戦の導入で練習を体系化、フィジカルも強化

練習内容が変化したのは、チームが置かれている環境が変わった影響もあります。私が岡山に来た03年から地域リーグとしてプリンスリーグ中国が始まりました。そして、11年からはリーグが通年化され、次第にリーグ戦が重視されるようになっていった経緯もあり、Aチームは、

月曜が自主練習、火曜日がフィジカル強化と持久力トレーニング、水曜日に対人、木曜日にポゼッション、金曜はシュートやセットプレーの確認といった、試合に向けた大まかな流れもできあがっていきました。

以前は、試合に合わせて準備をするのは、インターハイや高校選手権のときだけで、とにかく自分たちの課題に向き合う練習を多く行っていました。それが少しずつ体系化していった感じです。

そして、18年頃からは私が尊敬する平岡先生が総監督を務める大津高校の100分トレーニングを参考に、練習時間も短く切り上げるスタイルに変わりました。

フィジカル強化や筋力トレーニングについては、最初は、どちらかといえば、否定的でした。サッカーは、ボールを使ったトレーニングで上手くなるものだという考えが強かったからです。

しかし、12年に全国大会に出場するようになってから、アスリートとしての身体がなければ、勝負ができないと痛感させられて、取り組むようになりました。特に、全国優勝する前年、21年度の全国高校選手権2回戦で高川学園に1－2で逆転負けを喫したときには、身体作りの重要性を再確認しました。

考え方が異なる2人の合作「縦に速いポゼッション」

私の理想は、相手の状況をしっかりと見て前進するサッカーです。ボールを保持して攻める方が好きですが、相手がボールを取ろうとしてどんどん前に出てきている場合、ロングパスで相手の背後を突いて点を取れるのであれば、それを嫌だとは思いません。むしろ、選ぶべきだと思います。ただし、多くの相手はゴールを隠すように、深い位置、それも中央に寄れば寄るほど人を多く配置して守ります。では、どうするか。選手には「右、中央、左。どこから攻めると前に進みやすいか」と、よく聞きます。相手の状況をよく見て、選択しなければいけません。中央で縦パスを出せるのに、横パスを選んでいるようでは、いけません。ゴールに近付ける選択をしていないからです。その優先順位を間違えず、相手の守備の手薄なところを突いてゴールに迫りたい。そう考えると縦に急ぐ速攻も、ボールを保持しながらサイドを変える遅攻もできなければいけません。

そこで、18年頃から、私たちは「縦に速いポゼッション」サッカーを掲げています。スピーディーにシンプルに攻めることを大事にしながら、ボールを支配するスタイルです。ちょっと欲張りかもしれませんが、優先順位を間違えずにプレーを選んでいくことが大事です。

どちらかと言えば、ボール保持をするスタイルを好む私と、スピーディーな攻撃を好む吉谷の二頭体制でチームを作る中で、互いの考えを混ぜ込んだものとも言えます。また、岡山県で言えば、作陽高校がパスサッカー、玉野光南高校が堅守速攻のイメージがあったので、岡山にはないスタイルのサッカーがしたいと考えていたことも、どちらかに偏らない考えになった理由と言えるかもしれません。

また、相手から影響を受けた部分も多かったように思います。強いチームには、参考になることが多く存在します。

近年、最強と言われる青森山田高校も、気合いの入ったウォーミングアップから学べる部分がありそうです。先日、前監督で今はJリーグのFC町田ゼルビアの黒田剛監督と食事をさせてもらったのですが、最終ラインを何メートル上げるかと具体的な距離まで意識していることを知り、それぐらい細かく落とし込まなければいけないのか、すごいなと思いました。

12年にインターハイで全国大会に出て静岡学園に敗れたときは、個人のスキル強化を課題にしました。当時は、素早いテンポのパスワークを目指して、アンダー2タッチの練習が多かったのですが、最近はフリータッチの練習を増やしました。参考にしているのは、大津高校です。後に日本代表となるDF植田直通選手（鹿島アントラーズ）やMF豊川雄太選手（京都サンガF.C.）がいた世代を見てから、すごく興味を持ちました。対戦すると分かるのですが、どんどん縦に攻めてきます。それを防ごうと頑張っていると、今度はサイドにパスを散らされて、守備で走らされます。まったく休めるところがありません。速攻も遅攻も両方できて、相手を見て適切な方を選べるサッカーが、理想です。

今の練習の重点は「相手の矢印を外す」

練習方法で言うと、相手のプレッシャー（圧力をかけて来ている方向＝矢印）をちゃんと見れる判断力を磨くことを重点的にやっています。例えば、1対1で言うと、3対1で、ボールの始点と終点に1人ずつを配置して、その間に1対1の状況を作ってパスを入れるメニューで、パスを受ける選手には、相手の矢印を無効化する3つのプレーを覚えさせます。

まず「外す」。始点になる選手が中央にパスをして、近寄ります。中央の選手は、自分をマークしている相手の矢印の逆を取って、ワンタッチでリターンパス。相手がボールを追い続けられる状況になっていたら失敗です。

次に「刺す」という言い方をしていますが、足下にボールを止めながら、背中越しに相手の狙いを察知して逆から回り込んでターンをするプレーです。サポートに来る味方にボールを戻す素振りを見せながら、自力で相手をかわして突破します。

最後に「止める」ですが、ボールを止めて相手とボールの間に自分の体を入れてキープすることで、相手の矢印を止めるプレーになります。そこからサポートに来た仲間（始点の選手）と一緒に攻撃します。この3つを覚えることで、まずは個人のところでボールを失わないことを大事にしながら、なおかつ、個人の力で前を向いてボールを運べるようになることを目指しています。トレーニングをしながら「ワンタッチで外せそうだったのにボールを止めてしまった」とか「ターンを仕掛ければ成功しそうだったのに、相手の動きを見えていなくて、バックパスをしてしまった」など改善点を見つけて指摘します。

基本的な3人のパス回しでも、相手を置いてプレッシャーの矢印を外すことを重視しています。トライアングルを作って、3カ所で1対1の状況にします。最初は、守備役は動かさずに、パスを受ける選手だけが、タイミングよく相手から離れるように下がってスペースでパスを受け、次の選手にパスという繰り返し。次は、パスをする相手を左右選べるようにしますが、守備役に片方だけパスコースを切らせます。パスを受けるために下がる段階で守備役がどちらを切りに来ているかを察知し、逆のパスコースを生かせるようにボールを止めます。

グループでも、相手の矢印を外すというテーマは、変わりません。簡単に言うなら、右サイド、中央、左サイドのどこから相手のゴール前に侵入できるのかという話です。グループでボールを動かして、ボールを持つ人、パスを受ける人、その間に抜け出す3人目の関係で、相手の守

普段の練習では現代サッカーにおいて重要な攻守の切り替えや球際を意識したメニューを重点的に行っている

備が手薄になるところにボールを運びます。例えば、グリッドを作って、互いに後方4人、前方2人の布陣で6対6を行います。両チームの進行方向には、それぞれに右・中・左と3つのコーンゲートを設置します。待機している選手がゲートの裏でパスを受ける役を果たし、攻撃側は、その選手を使ってリターンパスを受けて、いずれかのゲートをドリブルで突破します。手薄になっているゲートを狙えているかどうかがポイントになります。

ここで紹介した2つのメニューは、ボールを持っていることを前提にしたトレーニングですが、ボールを奪った直後を想定して、相手の矢印を外してボールをキープするというメニューもあります。

5対3のパス回しを行うのですが、グリッ

ドを真ん中でAゾーン、Bゾーンに分割しておき、各ゾーンの外に2人ずつ待機させます。守備側は、ボールを奪ったら、奪ったゾーンにいる2人と合流して5人のチームになって、攻撃側となってパスを回します。ボールを奪われたチームは、瞬時に2人抜けて3人でボールを奪う守備チームになります。攻撃も守備も、全体的な組織が整うのに時間がかかる状況でも、いかに素早く相手の狙いを感じて外せるかを重視しています。現代サッカーにおいて、攻守の切り替えは重要なポイントになりますし、絶対にどのチームよりも早く切り替えるという意識を植え付けるために、素早い判断を求めています。

また、次の段階では、パスを回すだけでなく、攻撃方向を意識させます。Aゾーンでボールを奪って5人になったら、Bゾーンの外で待機している選手へのパスを目指しながらパス回しをします。守備側は縦パスを通させない守備をしますし、攻撃側は目的に到達するために手薄なゾーンを見つけて攻略することになり、より実戦に近い形になります。

プレーの選択は「チームのための1点」を生む確率で選ぶ

プレーの判断力は、サッカーの中で磨いていかなければいけません。小・中学生の頃は、私自身もそうでしたが、自分がチームの中心的存在としてプレーし、自分がもっと上手い、勝たせられる選手になってみせるという気持ちでやっている選手が多いです。しかし、高校にもなると、ある程度はチームプレーができなければいけません。

例えば、アルゼンチン代表のメッシ選手（インテル・マイアミ／アメリカ）のような格別な能力を持った選手がチームにいたら監督としては嬉しいです。でも、サッカーは、チームスポーツです。スーパースターがいなくても、ピッチに立つ11人がやるべきことをしっかりとやれば、勝負にはなります。絶対的なエースがいたとしても、じゃあ、その選手がケガをしてしまったら、もう勝てませんというわけにもいきません。結局は、今いる選手でどれだけ力を合わせられるかが大事なのです。

新入生に多いですが、ボールを持ったら自力で突破してゴールを狙うプレーばかりという選手がいます。そのときは「どの選択をすればゴールを奪える確率が高いのか」という話をします。「お前がドリブルで1対1を仕掛けてシュートを打つのと、横にサポートする選手が来て2対1にしてワンツーで突破してシュートを打つのと、どちらが決まる確率は高いのか」と考えさせます。

またシュートを打つ場面でも「GKがニアゾーンに構えていて、ファーサイドしか空いていない。そこに自分でシュートを打つのと、ゴール正面にいる味方にパスを折り返してシュートを打たせるのと、どちらが決まる確率は高いのか」と問います。もちろん、それぞれに「やりたいプレー」があるものですが、勝つためにやるべきプレーはどれなのかを考えさせます。どういう形で決めても1点は、1点。チームが必要とする1点を取るために、一番確率が高い方法を選んでいるかという話です。

ＦＷの選手は、自分が点を取るというマインドを持ち続けることが必要ですが、局面を冷静に判断してプレーできるかどうかも大事だという話は、よくします。それに、プレーの選択が正しかった時には、選手をしっかり評価するようにしています。極端に「ドリブルが正解か、パスが正解か」という見方はしません。

例えば、先ほどのドリブルの場面でサポートが来た場合。相手が最も守りにくくなるのは、ドリブル突破を仕掛けた状態から、味方にパスを出すプレーです。相手はドリブルに対応せざるを得なくなり、パスを出されると、どうしても対応が遅れます。サッカーは、駆け引きのスポーツです。駆け引きなしにプレーしても、相手は怖くありません。縦パスを受けたＦＷが、味方に呼ばれるがままにポストプレーをするだけなら、ＦＷとしての怖さはありません。相手に「もしかしたら、ターンを仕掛けて自分でドリブルシュートを狙ってくるかもしれない」と思わせる、あるいは、そういうプレーを仕掛けて来たと思わせる駆け引きが大事です。判断を持ちながら、なおかつ自分で仕掛けられるプレーのクオリティーの高い選手が、強豪校には多くいます。

最終的には、瞬時に判断を変えられる選手を育てたいです。事前にイメージを描いてプレーすることは大切ですが、ボールの移動中に状況は変わります。それに応じて瞬間的に次の判断ができる選手が、今後はより重要になると思います。

コンバートの多い選手起用

全国優勝したチームを振り返ってみると、入学時と同じポジションでプレーし続けたのは、センターバックの田口大慎くらいだと思います。相方のセンターバックの井上斗嵩は、フォワードで起用していた時期がありますし、最終ラインのほとんどの選手が、元々は攻撃の役割を担っていた選手です。

選手勧誘の段階でも、ボランチやトップ下、サイドアタッカーなど複数の選択肢を持ってプレーする選手に声をかけることが多いように思います。16年度のチームなどは、中盤から後ろがほとんど中学時代はボランチだった選手になっていました。やはり、最終ラインに技術のある選手がほしいという部分も強く、コンバートによって伸びて行く選手が多いのも、私たちのチームの特長かもしれません。

どこのチームも欲しがる、大きくて速くて上手な選手は、ほとんどの場合は、Ｊクラブのユースに進んでいます。高校のチームは、長所を見つけて伸ばしながら、チームの中で生きるポジションでプレーできるように育てていかなければいけません。

全国優勝をしたチームのセンターバックで起用した井上も、田口も、どちらも体格面に長所がありながら技術面では課題のある選手でしたが、試合経験を積んで、少しずつパスをつなげるようになっていきました。試合経験は、選手を成長させてくれます。

例えば、ボランチで起用しているけど最終学年になったらセンターバックを務めることになるだろうという選手は、２年生の段階でセンターバックでも起用し始めます。中盤で守備の強さを生かしている方が、その時点では活躍できている実感を得られると思いますが、最終ラインで攻撃の組み立ての上手さも求めるようにします。トップチームのボランチの控えだった選手を、セカンドチームのセンターバックにして経験を積ませるといった育成方法もよく採ります。

３年生になってからの経験も重要ですが、下級生のうちにどういう経験を積むかも大事です。以前とは異なり、現在は４月のリーグ開幕から重要な公式戦。トップチームをゼロから作り直している時間は、ありません。だから、夏のインターハイまでは、３年生を重用しますが、夏以降は実力が同等であれば、積極的に下級生を起用します。

起用法に影響する、選手の性格

チームが機能するため、どの選手がどの役割を果たすと良いのか。それを探すのは、プレー面の特長だけでなく、選手の性格も重要だと思います。

例えば、ボールを保持しながら攻撃したいと考えると、守備力が必要な最終ラインでもある程度は技術力が欲しい。でも、ゴール前を守るセンターバックは、ハイボールやクロスボールを強く弾き返せるパワーがないと苦しい。ビルドアップの起点になるサイドバックには技術力が欲しいし、中盤は攻守にハードワークができる選手が良い。前線の選手には、相手を置き去りにするスピードが欲しい……こういった能力面のことは、誰でも考えると思います。

でも、センターバックの場合は、特に性格的に真面目であるかどうかが重要だと思います。献身的に最後まで体を張って戦える選手かどうか。難しくなったときに諦めてしまうような選手には、絶対に任せられません。

主将の選び方

最後に、「組織づくり」について。主将は、選手の性格やプレースタイルを考えて選びます。選手の多くは、トップチームに上がる前に、セカンドやサード、あるいは1年生チームで活動していて、それぞれのチームに主将がいます。年が変わって、トップチームが世代交代するときは、まず、その世代でこれまでに主将を経験した選手に「誰が良いと思うか」と意見を聞きます。指導者の前と、選手同士でいるときとで態度が違う選手もいるものです。選手間では誰が信頼されているのかを聞いておきたいという気持ちがあります。

大体、こちらが予想した名前が挙がってきます。候補が出て来た中で、あの選手だったらどう？　この選手だったらどう？　と、選手にも話を聞きながらリサーチをして、最終的には私と吉谷で決めます。それぞれの選手としての役割との兼ね合いも考えます。例えば、FWで主将をやると、点が取れないときに、ストレスが大きくなり過ぎてプレーに集中できなくなるのではないかとか、やっぱり一番後ろから全体を見渡せるDFの選手に任せた方が良いとか。ただ、最終的には、人間性に尽きます。みんなが信頼して付いていける人間かどうかが、一番大事です。

キャプテンには「みんなに良い顔をして、仲間から好かれようと思うな。キャプテンは、嫌われ役をやらなければいけないぞ。味方に厳しいことを要求してチームを成長させなければいけない。もちろん、味方に言うからには、お前がまずやってみせないと要求できないから、お前が一番、手を抜けない立ち場だぞ。それに、チームに何かあれば、オレはお前に言うよ」と伝えます。

全員でチームを作る「班」システム

また、組織づくりとして、チームの中に「班」を設けています。トップチームでも1年生チームでも、すべての部員がいずれかの班に所属して、より良いチームづくりに励んでいます。サッカーの内容向上を手助けする分野では「データ分析班」や「セットプレー班」があり、対戦相手のチーム情報をまとめたり、新しいセットプレーを考案したりと、選手のプレーをバックアップします。ほかに「環境整備班」、「清掃班」、「審判班」、用具を管理する「ホペイロ班」、学校生活を見直す「オフザピッチ班」があります。それぞれの班で所属する部員が意見を出し合い、班が中心となって、部員全体を動かします。

24年度からは、新たに「トレーナー班」を追加します。近年、長瀬亮昌トレーナーの下、チーム全体でフィジカル強化を図っているのですが、それをサポートする班を作ります。長瀬さんと密に連係を取りながら、食事の採り方、筋力トレーニングなどにおける注意点をチーム内でシェアし、選手のコンディション管理を行う班になります。

最後にもう一つ、組織づくりとして欠かせないのは、スタッフの仲の良さです。その点、学芸館はしっかりとまとまってくれています。スタッフがバラバラであれば、チームは一つになれません。以前のように、監督が絶対的な存在で、すべてトップダウンで指示をする時代でもなくなっていると思います。

22年FIFAワールドカップカタール大会の日本代表を見てもそうですし、23年のバスケットボール男子ワールドカップで48年ぶりに自力で五輪出場切符を勝ち取った日本代表を見ても、監督が選手に主体性を持たせ、選手がしっかりと主張をしながら戦っていたように思います。

chapter

4

私自身の歩み

兄と「キャプテン翼」の影響でサッカー少年になる

ここでは、岡山学芸館に来る前の私の生い立ちを振り返ります。私は、1979年生まれ。福岡県北九州市の出身です。4歳上の兄・宏朋が幼稚園のスクールに入っていたのがきっかけで、サッカーを知り、近所の友だちと遊んだり、家の庭でボールを蹴ったりしていました。

チームに入ったのは、小学校から。入学するタイミングで、親の仕事の関係で福岡県の築上郡吉富町という大分県との県境へ引っ越したので、兄と一緒に地元のスポーツ少年団YSS（吉富サッカースクール）に入りました。また、当時、人気サッカー漫画の「キャプテン翼」がアニメ化されたので、よく見ていたこともサッカーが好きな理由でした。小学生の頃は、真似をして、砂場でオーバーヘッドキックの練習をしていましたし、アニメのオープニングで、主人公の大空翼がリフティングをしながら階段を駆け上がるシーンがあって、憧れていました。ボールを背中に乗せるリフティングなどもアニメを通じて知って、真似をしようと練習していました。

一方で、まだまだ遊びでしかなかった部分もあります。小学4年生になると、5、6年生のチームの遠征に参加するように言われたのですが、同じ時期に家族旅行が計画されていて、同学年の友だちがいないチームの遠征より旅行に行きたい気持ちが強く、泣きながら遠征に行った記憶もあります。

吉富町のサッカー少年団ＹＳＳは、中津市域の扱いで、小学5、6年のときは、ＹＳＳで練習をして、試合は中津市の選抜チームであるＦＣ中津で活動していました。ポジションは、ＦＷでした。エースナンバー10を託された時は本当に嬉しかったです。ＦＣ中津は、2学年上が89年の全日本少年サッカー大会（現Ｕ-12選手権）で準優勝しましたが、私の代は県大会で負けてしまい、全国大会には出場できませんでした。現在、宮崎日大高校サッカー部の南光太監督（※２０２０年度の同校を第99回全国高校サッカー選手権の全国大会初出場に導いた）が同級生で、地域の有名選手でした。南先生のいた明野西小学校とも対戦しました。

選抜チームであるＦＣ中津が存在したことは、私には好都合でした。より高いレベルに触れやすい環境だったからです。ＹＳＳの当時の指導者が、ＦＣ中津が全国準優勝したときの黒瀬監督だったので、全国レベルを意識して基礎技術をしっかりと教えてもらえたことも、その後につながる財産になりました。

憧れの選手は「カズ」

当時は、まだJリーグが存在せず、国内最高峰は日本リーグでした。もちろん、サッカーがテレビ放映されることも滅多にありません。インターネットもありませんでした。私は、親に頼んで専門誌「サッカーマガジン」を定期購読し、付録のポスターを部屋中に貼っているような子どもでした。とにかくサッカーが大好きでした。

ポジションは、FWやトップ下をやっていました。ブラジルでプロ選手になった「カズ」こと三浦知良選手が憧れでした。日本代表の試合でも、ここで決めてくれと思うところで必ず決めてくれる姿を見て、本当にすごいと思っていましたし、見よう見まねで何度も「カズのシザースフェイント」を練習しました。

実際に、生観戦したこともあります。読売SC（東京ヴェルディの前身）や日産FC（横浜F・マリノスの前身）が来ると知ると、日本リーグを観戦に行きました。当時、大人になったらプロのサッカー選手になることが私の夢でした。

プロサッカー選手の夢がふくらんだ、Jリーグ開幕

私が中学生になると、Jリーグが始まり、サッカーに対する熱は、どんどん高まっていきました。憧れていたのは「カズ」でしたが、チームは、横浜マリノスを応援していました。単純に緑という色が今一つ好きになれず、青が好きだったという程度の理由なのですが（笑）。

93年、Jリーグの開幕戦「ヴェルディ川崎vs横浜マリノス」は、テレビで見ていた記憶があります。ヴェルディはマイヤー選手が決めて、マリノスはエバートン選手、ディアス選手が決めて逆転勝ち。マリノスは、木村和司さんが10番。水沼貴史さんも出場していたはずです。ビスコンティ選手もいたと思います。当時、小倉駅のラフォーレ原宿にあったJリーグオフィシャルショップの「カテゴリーワン」に行っては、筆箱やフラッグなど、マリノスのグッズを買っていたことを覚えています。

私が小・中学生だった80年代終盤から90年代初頭にかけて、イタリアのACミランがファン・バステン、ルート・フリット、ライカールトのオランダトリオが活躍し、ヨーロッパチャンピオンズカップ（UEFAチャンピオンズリーグの前身）を2連覇するなど世界最強と呼ばれていました。私は、彼らのドキュメンタリーなども録画して観ていて、大ファンでした。ACミランの映像を見てモチベーションを高めてからサッカーの練習や試合に行くこともよくありま

した。

中学時代に影響を受けたソフトテニス部の監督？

小学生の頃は、専門的な指導を受けられたのですが、地元の吉富中学校では、指導者がいませんでした。今のようにジュニアユースのクラブチームがいくつもある時代ではありません。学校に顧問の先生はいましたが、技術指導はできません。同級生のお父さんが競技経験者で、時々教えに来てくれる程度でした。そのため、私がキャプテンをやるように言われたのですが、真面目な役が似合わないこともあり、断りました。代わりに、真面目な友人をキャプテンに推薦しておいて、練習メニューは、私が率先して考えて実践する形で、主将よりも権限を発揮していました。ちょっと嫌な奴ですね（笑）。

実際の練習は、ほとんどがミニゲームでした。中学1年の92年に全国高校選手権で、後の日本代表ＭＦ三浦淳宏さんと永井篤志さんを擁した国見（長崎）が優勝したのですが、ドリブルで持ち運びながら絶妙なヒールパスを出して決定機を作り出すプレーが鮮烈で「オレがドリブルするから、後ろを付いて来い」などと言って、その真似をする練習もしました。同じ少年団の選手がみんな同じ中学校に進んでいたので、チームとしてはそれなりに勝負はできましたが、今にして思えば、やっぱり上達するという面では物足りず、中学校時代にも良い指導者に巡り会っていれば……と思う部分もあります。

よく覚えているのは、ソフトテニス部の顧問の鵜島仁通先生です。奥様も教員で、兄の担任でした。鵜島先生は、福岡県のソフトテニス界を引っ張って、指導するチームを全国大会に連れて行くような方でした。自分たちで練習メニューを考えてやることに限界を感じていたので、鵜島先生の熱心な指導が羨ましかったです。

同じサッカー少年団に所属して、中学ではソフトテニス部に入った同級生は、部活動の成績が良く、強豪の岡山理科大学附属高校に進みました。グラウンドの隣で、ソフトテニス部の選手が練習で追い込まれているのをよく見ていましたが、これぐらい真剣に練習しないとダメなんだなと思っていました。

話が飛びますが、岡山学芸館で監督として全国高校選手権を優勝した後、出身地である吉富町の町長に呼ばれた際、母校にも足を運んでほしいと言われて、在校生の指導に行ったのですが、定年退職後、外部指導員として指導されている鵜島先生が現場におられて「お前、すごいな」と言ってもらったのは、嬉しかったです。プレーの方法などについて専門の指導者から教えてもらうことはできませんでしたが、競技への取り組み方を見せてくれる指導者が近くにいたことは、幸運でした。

小学5年で決意した、東海大五高への進学

高校は、福岡県の東海大五高校に進学したのですが、この進路は、小学5年生のときに宣言したものでした。たしか、FC中津で地元のテレビの取材を受けた時だったと思いますが、将来の目標を聞かれて、チームメートはみんな「中津工業（現・中津東高校）に入る」とか「大分工業に行く」と答えていましたが、私はサッカーマガジンを読んでいて、福岡県で最も強いのは、黄色と黒のユニフォームの東海大五だと知り、必ず一番強いチームに入りたいと思っていたので、一人だけ「東海大五に行きます！」と答えました。

ただ、前述のとおり、中学校は強豪ではありませんでしたし、東海大五から声がかかるような選手ではありませんでした。私は、自分で希望して東海大五の練習に参加させてもらいました。地元からは少し遠く、片道2時間以上もかかってしまうので、寮に入れなければ通学は諦めなければなりませんでした。当時は、誰でも寮に入れるわけではなかったので、祈るような思いでした。

私は、憧れたものに真っ直ぐ進むタイプです。当時はカズ選手の影響を強く受けていたので、親には「寮に入れてもらえず、東海大五に通えないなら、ブラジルに行きたい」と言っていましたし、本屋でこっそりとポルトガル語を勉強するための本を立ち読みしながら、結果を待ちました。そうして入寮できると知ったときは、本当に嬉しかったです。

記憶にない……盟友・吉谷コーチとの出会い

後に触れますが、私が岡山に来るきっかけは、東海大学サッカー部のチームメートで親友となった吉谷剛コーチの存在です。まず吉谷が岡山学芸館に来ることになり、学校に私を紹介してもらう形でした。

吉谷とは、高校時代に出会っている……はずです。私が東海大五、吉谷が大分情報科学高校(大分)。3年生になる直前の春、九州高校新人サッカー大会で対戦して3－1で勝っています。吉谷がFW、私がボランチ。マッチアップもしているはずです。どうして記憶が曖昧なのかというと、私がこの試合で覚えていることが、たった一つしかないからです。

この試合で、私は味方からパスを受けた後、相手を困らせるようなアグレッシブなプレーに挑戦する姿勢が足りず、セーフティーな横パス、バックパス、リターンパスばかりをしてしまいました。上手く行かなかった前半を終えてベンチに戻ると、監督の平清孝先生が鬼の形相。「ゴールはどっちにある？　お前、どこを目指してサッカーしとるんじゃ！」と激怒されました。あんなに怒られたことは、ほかにありません。

しっかりと気合いを入れられた私が、後半からはとにかく縦パスばかり狙ったことは、言うまでもありません。ですから、相手の10番がどんな選手かなどまったく覚えていないわけです。覚えていれば、少しは、ここでご紹介できたのかもしれませんが……。

ちなみに、この大会はベスト4まで進んで鹿児島実業（鹿児島）にＰＫ戦で敗れました。相手の中心選手は、後に日本代表のボランチとして活躍する遠藤保仁選手。キックの精度が高く、状況判断が素晴らしいプレーは高校時代から、別格でした。

夢に立ちはだかった、最強無敵の「赤い彗星」東福岡

東海大五では、身長が伸びたこともあり、守備的なポジションを務めることが多くなりました。最初は、ボランチでしたが、3年生のときはセンターバックでした。1年生のときはトッ

プチームに上がったり、落ちたり。2年生からトップチームに関われるようになりましたが、2年次の全国高校サッカー選手権（第75回大会）では、メンバーに入っただけで試合には出られませんでした。チームは初戦の2回戦で室蘭大谷（北海道）に1－5で負けましたが、同級生が何人かピッチでプレーしました。私は外から憧れの舞台を見るだけだったので、絶対に自分が最上級生になったら、あの舞台に立つぞと思っていました。

しかし、高校サッカーファンの方なら知っているかもしれませんが、私が高校3年の97年は、東福岡高校が公式戦52試合無敗でインターハイ、高円宮杯全日本ユース選手権（プレミアリーグチャンピオンシップの前身）、高校選手権の全国3冠を史上初めて達成した年です。私たちは、東福岡にすべて県大会の決勝戦で敗れました。先日引退した本山雅志選手（鹿島アントラーズなどで活躍）たちがいた世代で、雪の降る中で帝京を破った選手権の決勝戦は、今でも語り継がれているほど記憶に残る一戦です。

自分たちが最高学年となり、私も気合いが入っていましたが、ことごとく彼らに道を阻まれました。インターハイの県大会決勝は、1－2。東海大五の方が多くチャンスを作った試合でした。雨が降っていて、GKをかわして打ったシュートが水たまりで止まって防がれ、最終的に逆転されました。それでも内容面では手応えがあったので、選手権の県大会決勝では勝てると思っていました。

ところが、実際には、コーナーキックから千代反田充選手（当時2年生、後にアビスパ福岡、アルビレックス新潟などでプレー）に先制点を決められ、相手の流れを止められず、結果的には1－7の大敗。何もできませんでした。悔しかったのですが、スタンドは相手の応援一色、完全アウェイだった試合を終えた後、ロッカールームで平先生が涙を流して「こんな環境で試合をさせて申し訳なかった。よく戦ってくれた」と言ってくださったときは、感動しました。

東福岡の主将・手島和希選手や古賀誠史選手（ともに横浜マリノスに加入）、本山選手や当時は2年生だった金古聖司選手（鹿島アントラーズに加入）、同じく2年生の宮原裕司選手（名古屋グランパスに加入）といった面々は、高校卒業後にJリーガーになりました。本当に、スター軍団でした。人気もあって、試合後にスタジアムから出ると、女の子がわあっと東福岡の選手を目当てに殺到し「オレらには、誰も来ん。寂しいな……」と余計にガッカリして帰ったものです。

世界最強ACミランのコーチにも教わったパスサッカー

結局、私自身は高校選手権の全国大会でプレーすることはかないませんでしたが、憧れて入った東海大五では、本当に多くのことを学びました。サッカーの面では、パスを多くつないで全員で攻撃するパスサッカーのスタイルを植え付けられました。当時は、まだキックアンドラッシュに近い戦術が多く、少し珍しい部類のスタイルでしたが、近代的なサッカーを学ぶきっかけになりました。

今は、イングランドのプレミアリーグが世界最強リーグとして知られていますが、当時は、イタリア1部セリエAが最高の舞台と呼ばれていて、私が2年生のときには、監督の平先生が、イタリアに3ヶ月間サッカーを学びに行かれていました。東海大五は、イタリア遠征も行っていたので、イタリアとは何かと縁がありました。

少し話がそれますが、現地でパルマのユースチームと練習試合をしたときは、私たちのチームの主将が、相手GKが前に出てくるのをよく見てループシュートを決めました。そのGKが実は、当時17歳でトップチームデビューを果たし、後にイタリア代表で長く活躍するジャンルイジ・ブッフォン選手だったと最近知って、とても驚きました。

話を戻しますが、東海大五とイタリアのつながりがあったため、私が3年生だった97年には、ACミランのリカルド・トゥミアッティというコーチが半年ほど来て教えてくれていました。ACミランのコーチがどんなサッカーを教えてくれるか楽しみでしたが、基礎的な練習がメインでした。よく覚えているのが、練習の最初に必ずやった対面パスで、互いの目の前にマーカーを置いて敵に見立て、少しずれてパスを受けて、ツータッチ目で味方の利き足に返すというインサイドパスの繰り返しでした。

パスを主体としたスタイルで戦おうと思うなら、絶対に必要なものであると今は分かっていますが、ダイナミックな戦術が主流の時代で、生意気な年頃だったこともあり、正直に言えば、当時の私は「いつまでやると？　対面パスばかり、せんでいいやろ。早く対人練習したいなー」と思ってもいました。しかし、今にして思えば、基本ほど大事なものはありません。結果的には、ファーストタッチでボールをどこに置くか、どれだけ正確に置けるか、パスの精度がどれだけ重要かを学ぶことができたのは、大きな経験でした。3色のビブスを用いて、指定した色へのパスを禁止し、周囲の状況を把握する練習も、当時の日本ではまだ珍しかったですが、私たちは取り入れていました。

高校時代に学んだ人間性

平先生からは「人間は、人と人とのつながりだから、人を大事しなければいけない。だから、まず、挨拶ができるかどうか、時間や約束を守れるかが大事。人として当たり前のことができないと、プレーヤーとしても成長できない」と教わりました。

高校1年生のとき、選手寮の電話が鳴り、私が取って「はい、勝虎寮です。どちら様でしょうか」と対応したら、電話をかけてきた相手が平先生でした。別の選手に取り次いだだけだったのですが、後日、ほかの選手もいる前で、その電話対応について「話していて気持ちが良かった。みんな、ああいう対応ができる人間ならないかん」と言われたことが、めちゃくちゃ嬉しかったことを覚えています。当時は1年生でCチーム。トップチームを見ている平先生は、まだ私のことは知らなかったはずです。だから、自分が平先生に褒められたということが、とにかく嬉しかったです。

話を聞く姿勢は、かかとをつける、後ろに腕を組む、ひざは曲げない。これは、平先生に教わったというよりは、東海大五の伝統だったので、先輩たちを見て学びました。実際に、自分が指導者になったばかりの頃、選手を集めると、片膝を曲げたままの子がいて悪い意味で目立ちましたし、話を聞く態度が悪いな、なんだこいつはと良くない印象を受けました。社会でも同じことで、腰に手を当てて、だらっとした状態で社長の話を聞く社員がいたら、信頼されないし、評価もされないでしょう。話を聞く姿勢からきちんとしようという考え方は、高校時代に学んだものです。

今では学生に指導する立場ですが、私も人間性の面で乏しい部分が多くある高校生でした。

あるとき、紅白戦で後輩の軽率なミスから失点。瞬間的にチームのことを考えず、自分の感情で動いてしまい、戻って来たボールを腹いせにゴールネットへ蹴り返しました。すると、コーチから「お前、何様のつもりだ」と厳しく指導され、紅白戦が中断してしまった、ということもありました。

怖くてちょっと不思議だった平先生

個人的に平先生から怒られた思い出は、ほとんどありません。ただ、練習が厳しかったことは、今でも鮮明に覚えています。

平先生の教え子の方が大分県の柳ヶ浦高校で指導を始めて強化しだしたばかりの頃、練習試合で負けたときは、大変でした。坂道ダッシュが終わっても「ユニフォームがキレイなままだな」と言われ、相手もボールもない土のグラウンドで延々とスライディングの練習をした記憶があります。ちなみに、翌朝6時半キックオフで再戦が組まれて、その試合では勝ちました。やはり、どこか気の緩みがある試合をしていたということなのだと思いました。

当時は、練習指導も、有馬信二コーチ、大丸忠コーチが現場に立っていて、平先生は全体を見渡していることが多かったです。こちらは、平先生が何を考えているか読めないのですが、先生からはしっかりと見られていると感じていました。セカンドチームで練習していると、平先生がふらっとやって来て、何人かに「あっちに入りなさい」とトップチーム行きを告げるのですが、1年生の頃に背中をトントンと叩かれて、それを言われたときは、見てもらえた、評価されたと思って、本当に嬉しかったです。

高校時代は、平先生と話をする機会はあまりなく、選手が相談するとしたらコーチにするという形だったので、後に岡山学芸館に来ていただいて話をするようになってからは、知らなかったことがたくさんあって驚きました。

東海大学で得た「耐えて勝つ」の精神

高校時代は、まだプロサッカー選手を目指していましたが、無理だったら、高校教師になって指導者としてサッカーに携わりたいという気持ちも芽生えました。

高校卒業後は、東海大学に進みました。先輩・後輩の上下関係が厳しくなく、自由度の高いチームで居心地の良い4年間でした。大学では、2、3年生の途中でトップチームに上がりました。

大学3年生だった00年に総理大臣杯全日本大学サッカートーナメントを優勝していますが、その時も高校2年の時と同じでメンバー入りはしていましたが、試合には出場できませんでした。チームは優勝しましたが、個人的には悔しい思いが強かったです。

この年は、日本のメンタルトレーニングの第一人者・高妻《こうづま》容一先生のトレーニングが導入されたシーズンでした。落ち着いて瞑想をした後、サイキングアップと言って、アップテンポの音楽に乗って動いて、気持ちを高めた状態でウォーミングアップに入るという取り組みをやっていました。実際にやってみると、試合でのパフォーマンスが良くなっていると感じられる部分もありました。スポーツのパフォーマンスにメンタルがどう影響するかという点は、すごく勉強になりました。

4年生のときは試合に出ていましたが、全国の舞台には立てませんでした。結局、自分の代になると勝てず、活躍できなかったという点は、高校の時と似ているかもしれません。だから、指導者になってからも、試合に出られない選手や、出ても活躍できない選手の気持ちは、分かるところもあります。でも、悔しい思いをしながらも頑張れば……と、自分の経験も重ねて、選手には接しています。

大学での一番大きな収穫は、東海大サッカー部の部訓である「耐えて勝つ」の精神を学べたことです。恩師である宇野勝先生のお墓にも、この言葉が刻まれています。最初は、なんだか自分が弱いことが前提にある言葉のようで格好良くないと感じたし、どうせだったら耐えずに勝ちたいけど……などと思っていたのですが、少しずつ自分にとって大事な言葉になっていきました。

岡山学芸館に来て、最初は弱小チームだったわけですが、課題や困難を感じた時は、常にこの言葉を思い出して「人生何事にも耐えて勝つ」と思って、やって来ました。

プロを諦めて教師を目指すが、二転三転の就職活動

大学時代は、ずっとプロサッカー選手になりたいと思ってプレーしていたものの、自分がプロのレベルに届かないだろうということに気づく時期でもありました。大学卒業後の進路を考える中、それでも、サッカーには携わりたいという思いからイメージしたのは、高校サッカーの指導者でした。同時に教師という職業にも憧れました。

今は、全国各地にJリーグクラブのアカデミー（育成組織）がありますし、小・中学生のクラブチームも数多く存在していて、プロのサッカー指導者も少なからずいます。しかし私たちの時代には、サッカーを教えられる職業と言えば、高校の部活動の先生だったのです。

ただし、大学卒業後すぐに教員にはなりませんでした。最初は、幼児体育や放課後のサッカースクール活動を行っていた神奈川県のスポーツクラブの運営会社に就職しました。いずれ教師になるのであれば、まずは人に教えることを経験するのも良いだろうと思っていたのですが、自分がやりたいのは、強いチームを選手と一緒に作っていくようなことで、幼稚園の園児に教えるということは、まったく別物です。あまり面白さを感じることができず、12月頃には続けられる気がしなくなってしまい、地元・福岡に帰りました。

福岡ですぐに常勤講師の求人を見つけて一度は採用の方向になったのですが「先生、柔道を教えられますか」と聞かれました。08年に学習指導要領に盛り込まれることになる武道必修化の流れが見えてきていた時期でした。「大丈夫です、やります」と答えておけば良かったのだと思いますが「どうですかね……。柔道を教えられる自信はないのですが……」と難色を示したところ、格技を教えられないのであれば難しいですと断られてしまいました。もしも採用してもらえていれば、岡山に来ることはなく、県大会に出られるかどうかも分からない公立校で監督をしていたのではないかと思います。

親友・吉谷を頼って岡山へ

福岡に戻ったものの、教員採用が決まらずに困っていた時に私は、大学卒業後にアルエット熊本（※クラブは現存。吉谷コーチがプレーした当時のトップチームは、後にロアッソ熊本の前身であるロッソ熊本となった）でプレーしていた東海大学時代の親友、吉谷剛に電話をして近況を話し合いました。吉谷は、熊本を離れて岡山県の国体チーム強化策で強化指定選手になり、仕事は岡山学芸館高校で指導者をやることが決まっていました。気心の知れた仲だからですが、大学生気分の抜けない軽いノリで「そこの学校、もう1人採用してくれんやろうか？お前、ちょっと聞いてみてよ」と言ってみたところ、まだ岡山に行って3日ほどしか経っていないのに、吉谷が森健太郎校長に聞いてくれて、どうやら可能性がありそうだという話になりました。

1週間後、吉谷から「校長が会ってみたいと言っているから、明日来て」と電話をもらって、岡山へ行きました。履歴書を持って向かった先は、喫茶店。軽く面談を行うと、吉谷と同じように強化選手を兼ねることが条件で、うちでやってくれないかと言っていただきました。私は、大学でプレーヤーとしての活動には見切りをつけていたので、指導者一本でやっていきたかったのですが、高校のサッカー部で指導できる形にはなるので、持ち帰って前向きに考えたいですと答えました。すると、校長先生が「いや、明日から来てほしい」と言われて、面食らいました。分かりましたと返事をして新幹線でいったん福岡へ戻り、次の日に車で岡山に来ました。

当時は、岡山で2、3年経験したら、もう一度、地元の福岡で教師の採用を探そうと思っていたのですが、あの日から今に至るまで、ずっと岡山で暮らしています。いま考えれば、私のお願いも無理を言ったものだと思いますが、校長からいきなり明日からと言われたときには、本当に驚きました。

ファジアーノ岡山の前身でプレー

もちろん、まだ岡山で住む部屋もありませんでした。当時は野球部の寮があり、野球部の外部コーチが舎監を務めていました。私は、吉谷の部屋に入れられました。社会人になっても、また同部屋生活でした。

ちなみに、私と吉谷がプレーした社会人チームは、ファジアーノ岡山FCで、現在Jリーグに加盟しているファジアーノ岡山の前身です。私が加入する前年の02年までは、リバー・フリー・キッカーズというチーム名でした。川崎製鉄水島サッカー部のOBが創設したチームで、リバーは、川崎の「川」を意味しています。その川崎製鉄水島サッカー部は、88年に川崎製鉄サッカー部に改称、92年には兵庫県神戸市に本拠地を移し、ヴィッセル神戸の前身となったクラブでした。

私たち2人は、岡山には何の縁もありませんでしたが、私たちの少し後にチームに加わった選手は、岡山県出身者が多かったです。ライバルの一つである玉野光南高校の乙倉健二監督もその一人でした。私と吉谷は、週に平日2回、サッカー部の指導を途中で切り上げて、倉敷市で行われていたファジアーノの練習に参加していました。

当時のファジアーノはまだ中国リーグに所属していて、そこまでレベルが高かったわけではありませんでした。正直、Jリーグに行けるなんて現実味は全くありませんでした。加入3年目の06年にプロの世界でプレーしていた選手が数人加入し、レベルがグッと上がり、練習の雰囲気も様変わりしました。その年はJFL昇格こそ逃しましたが、中国リーグで初優勝するなどチームとしてさらに上を目指すため、07年に完全にプロ化することが決まりました。練習も昼に切り替わることになり、チームから高校の仕事に専念するか、プロとしてサッカーに専念するかを提示され、悩みましたが、大学卒業時に「指導者の道に進みたい」と思っていたので、初志貫徹しようと思い、岡山学芸館サッカー部の指導に専念することをチームに伝えました。

早く夕方になれ！　誤魔化した、情報処理演習

元々、強化選手として呼ばれていた吉谷は選手生活がメインでしたので、私は部活動の指導をメインにして、強化選手活動にも参加するスタイルになりました。教員として授業を持ち、放課後は部活動を指導して、社会人選手としての活動にも参加する生活でした。

少し不思議に思われるかもしれませんが、最初の1年は、国体に向けた強化は岡山県の事業のため、私は岡山県から給与を受け取り、岡山学芸館高校の教員をやるという形でした。保健体育の免許しか持っていなかったので、当時は、パソコンのワードやエクセルといったソフトの使い方を教える情報処理演習の実習助手のような形で、専門の先生のサポートをする役割でした。

しかし、私はワードやエクセルを分かっていないので、自分では教えることができません。立ち場としては教員なので、生徒から質問を受けることもあるわけですが「おお、ここか。ちょっと待っといて」と言って、担当の先生に聞きに行っていました(笑)。ただただ、生徒のお兄ちゃんみたいな立ち位置で話をすることしかできず「早く、夕方になれ！」とばかり思っていました。

2年目からは、担任を務めることになりました。このときも急で、私は何も知らされておらず、朝礼で「今日から○○組の担任は、高原先生が務めます」と生徒にアナウンスされて「えっ、

オレ？」と驚いたのを覚えています。何も分からないまま、ホームルームで紹介されました。急ではありましたが、おおっ、ついに高校の教師になったなとも思いました。通常、教員になるには、学校の採用試験を受けなければいけないのですが、どういうわけか、私と吉谷は岡山県職員の立場からいきなり学芸館の教員になってしまいました。

始まった、盟友・吉谷との二人三脚

当初、サッカー部は、前任監督の馬場博志さんが率いていました。馬場さんは、教員ではなく、外部コーチで、仕事が終わり次第、練習に来るという形でした。その下に私と吉谷がコーチとして加わったのですが、馬場さんからは「私はあと数年も経てば辞めるから、その後は高原先生が監督をやってください」と言われていました。

というのも吉谷が選手生活メインで、私が部活指導メインだったからです。ただ、肩書きこそ監督とコーチですけど、このチームは、吉谷と2人で一緒にやってきたという認識です。森健太郎校長も「高原が何年かやったら、次は吉谷が監督をやればいい」と仰っていたのですが、吉谷が「お前が監督をやればいい」と言ったので、そのままの肩書きで続け、今に至っています。

最初は、岡山では2、3年やればいいなどと考えていましたが、生徒を指導するようになれば情が湧きますし、学校からも正式な職員として採用するという話をもらい、岡山で挑戦していこうという気持ちに変わっていきました。特に、監督になり、部員の勧誘を行うようになってからは、責任を持って卒業まで面倒を見るという意識が強くなりました。

反面教師にするはずが……

私は、自分が指導者になったら「怒らない指導者」になるだろうと思っていました。学生時代、厳しい指導を受ける中で「もっと選手を褒めた方が、選手は嬉しいし、気持ちよくプレーできるのに」と思っていたからです。ところが、実際に指導を始めると、監督は威厳がなければいけないといったイメージが凝り固まっているのか、自分が嫌だと思っていた指導を自分もやるようになっていました。特に初期は、学校生活もだらしない生徒が多かったため、彼らを正さなくてはならないという思いから「オレの言うことを聞け！」という感じの怖い先生、怖い指導者になっていたと思います。そんな指導者には生徒もあまり寄り付きませんでした。監督としても、いまだに選手を褒めるのは、意外と難しいなとも思います。まさか、自分が厳しく怒る指導者になるとは思いませんでした。

しかし、良い選手を育てようと考えたら、スタッフが操るロボットみたいな選手ではいけません。初めてインターハイで全国大会に進んだとき、静岡学園に0－9で大敗して3回戦（ベスト16）で敗れたのですが、全国の8強以上に進もうと思ったら、大人がチームを作るだけでなく、自主性があり、対応力がある選手を育てる必要があると感じました。

それまでは「右に出せ」と言ったら右に出すように教え込んでいたわけですが「右に出せと言われて右に出すような選手では無理だ」と思うように変わったのです。押し付けることが多く、選手自身の判断をなくしてしまっていたと思います。その影響もあり、そこから少しずつ「どのポジションが一番適していると思うか」など選手の考えを聞くなど、コミュニケーションも取るように努めています。

大学時代からの親友・吉谷とはあうんの呼吸で分かり合える仲

最近は、少しずつ冗談を言いながら選手に接することもできるようになってきてはいますが、それでも、どうしても「監督がふざけていてはいけない」という意識は働きます。その点、吉谷は、選手の前でもふざけてコミュニケーションを取ることができます。2人ともふざけていては良くないですし、吉谷が上手くバランスを取ってくれているところもあり、そんな感じだから周りからは2人で1セットというような評価になっているのかなとも思います。

以上が、岡山学芸館サッカー部の監督になるまでの私の歩みです。いろいろなことがありましたが、大学からの親友である吉谷と一緒に引っ張って来たチームに、恩師である平先生が加わって、日本一を取れたことは、本当に大きな喜びです。この書籍の話をいただいたときも「表紙は、平先生が真ん中で水戸黄門。オレと吉谷が助さん、格さんでいいんじゃないか」と話していました。たくさんの方との出会いが力になって実現した奇跡の優勝でした。

chapter

5

連覇を目指した 23年度の歩み

日本一の反響

22年度に日本一を達成することができ、翌年は講演会などに呼んでいただく機会も増えました。私も選手も、県内でいろいろな表彰をしていただきました。地元のテレビ局では、優勝してから1年間は、事ある毎に岡山学芸館高校サッカー部を取り上げていただきました。優勝したチームの振り返りだけでなく、次の世代の連覇に向けた挑戦についても報道していただくなど、日本一の反響は大きいなと感じ続ける1年でした。

それから地域のJAさんからお米を提供してもらうこともありました。大会に行けば、他チームの指導者から「高校生らしい、ひたむきに一生懸命なサッカーだったね。高校サッカーらしい勝ち

優勝パレード、祝勝会、講演会や地元テレビ局への出演など、選手権日本一の反響は想像以上だった

方だった」と評価もしていただき、素直に嬉しかったです。

全国的に見ればタレントがいるチームではありませんが、チームスポーツの良さをしっかりと表現できる戦いで、個々がまとまってチームになれば全国制覇も可能だということを証明できたのではないかと思いました。

もう一度国立へ、挑戦は続く

日本一という大きな目標を達成しましたが、一度、国立競技場という舞台に立ってしまうと、もう一度立ちたいという思いがすごく強くなりました。多くの先生方が監督をなかなか辞められない理由が分かるような気もしました。

優勝した世代が「ベスト4以上」を目標に掲げていましたが、もう全国大会に出て満足ということはできなくなりました。「全国大会では、ベスト4以上を目指したい」というくらいの欲求に変わっています。全国の伝統校、強豪校にも、ある程度は太刀打ちできる力になってきたという手応えも得ています。

日本一になれましたが、私たちの目標は、まだ完全にかなったわけではありません。特に、日本代表の試合を見ていると、いつか本校サッカー部出身の選手に、このユニフォームを着てピッチに立ってほしいという思いも募ります。教え子のプレーをワールドカップで見てみたいものです。

連覇への道、険しく　新人戦敗退のリスタート

22年度は、全国大会を最後まで戦うという夢のような世界にいたので、そこから準備期間が少ない状況で迎えた新チームの始動は、想像以上に大変でした。ありがたいことに、数名の選手が年明けに行われたU-17日本高校選抜の合宿にも呼んでもらっていましたが、その間チームは主軸が抜けた状況になりました。

さらに、大舞台を終えて張っていた気が抜けたのか、インフルエンザなどで体調を崩す選手が続出しました。また市長訪問などイベントも多かったので、なかなか主力が揃わず、セカンドチームの選手も協力して対応していました。

そんな状況下で、結局、準備不足が響いてしまい、新人戦は、県大会のベスト4で作陽に0-1で負け、3位決定戦も就実に0-1で負け。3位までに与えられる中国大会の出場権を逃

chapter 5

してしまいました。

一つの大会を優勝するのに必死で、次の準備もしっかりと行う余裕がありませんでした。青森山田のような、本当に強いチームは、常に勝ち続けることができています。まだまだ、足りないところが多いのだなと痛感させられました。

変わっていった3年生

夏のインターハイでは、全国大会に出場しましたが、3回戦で敗れました。初戦だった2回戦は、山梨学院大学附属高校（山梨）に2－1で勝ちましたが、3回戦は高知高校（高知）から点を奪えず、PK戦13－14で敗れました。力を半分くらいしか出せなかった試合で、しっくり来ない終わり方になってしまいました。

これまでに何度も、優勝した世代の選手の人間性の素晴らしさに触れて来ましたが、次の世代は、先輩たちに比べると、チームや仲間のために頑張る意識が足りていなかった部分も否めませんでした。しかし、インターハイで敗れた後は、主将を務めたMF田口裕真を中心に、3年生が変わっていきました。普段の練習から集中力高く取り組み、チームとして一つにまとまって行きました。

夏の遠征で田口が負傷で離脱した後は、チーム全員で穴を埋めていました。そして、最後の選手権は、田口もケガから戻って来て、主将らしくチームをまとめてけん引してくれました。

県大会の難しさを乗り越え、全国大会でベストゲーム

全国高校選手権では、2連覇を狙う立場にはなりましたが、プレッシャーはありませんでした。選手がプレッシャーを感じていたのは、岡山県予選の方でした。やはり、相手チームからは前年のチャンピオンを倒して、自分たちの存在価値を高めようという強い意欲を感じました。こちらも、前年は日本一だけど、自分たちの代は新人戦の県大会で負けるスタートでしたから、冬の選手権は、絶対に負けられないという気持ちになってしまうところがありました。

迎えた玉野光南高校との決勝戦は、1－0で勝つことができましたが、相手の方が気持ちで上回っているような試合を、どうにか切り抜けたという内容でした。

全国大会は、優勝候補の一角、尚志高校を初戦で破り、このチームのベストゲームができたと思います。苦しんだ世代ですが、最後の大会の大一番で、一番良いゲームをしてくれました。

2連覇を目指した全国大会初戦の相手は優勝候補・尚志（福島）。このチームにとってベストと言える内容で2−1の勝利を収めた

この年の尚志は、プレミアリーグでも優勝争い（EASTで2位）をしたチーム。抽選で隣に尚志が入って来たときは「ウソだろ！」と思いました。映像も見ましたが、プロに進んだMF安斎悠人選手（京都サンガF.C.）だけでなく、どのポジションも穴がなく、個のスキルが高かったです。ちょっと真っ向勝負では勝ち目がないと思いました。ただ、いくら相手が強いと言っても、守備の人数を増やして自陣で守って守備の時間が増える中で耐えるだけという展開にはしたくありませんでした。

そこで、ずっとやってきた【4-2-3-1】の布陣ではなく【3-1-4-2】という布陣に変更し、相手の両サイドの攻撃力を封じに行きました。このシステムは全国大会前の米子北高校（鳥取）と青森山田との調整試合で試しました。体格の良い2年生FWを前線に2人置いて、彼らをターゲットにしてロングパスで押し返し、彼らが競り合ったこぼれ球を中盤の選手が拾えれば、スムーズに2列目の選手が飛び出す攻撃に移れるかなと考えた策でした。

中盤の底でアンカーを務めたMF山河獅童とインサイドハーフの田口、田邉望がいずれも機動力を持っていたからこそ選べる戦い方でもありました。あのゲームは、中盤の選手が長い距離を走って攻守両面に関わって、よくやってくれたと思います。

日本一になった次の年に、初戦であっさりと優勝候補にボコボコにされてしまったら、前年の優勝が運が良かっただけと思われてしまいかねません。強豪・尚志を破ったことで、ある程度の力を備えていたことは証明できたと思います。

しかし、次の試合では、全国選手権初出場の名古屋高校（愛知）に敗れてしまいました。前半だけで8本のコーナーキックを得るなど押し込んでいたのですが、決め切ることができませんでした。結局、ロングスローから1本でやられて先制を許す展開になってしまいました。この流れは反省すべきところですが、そこからの苦しい時間で、試合終了間際にFW太田修次郎が同点弾を決める戦いぶりは、ここでは負けられないという気持ちがよく出ていました。PK戦は5－6。相手が先に失敗したのですが、続くキッカーが決められなかったことで、相手がばん回していくペースになってしまいました。やはり、まだまだ勝ち続けるだけの力はないのだと痛感しました。

試合に敗れてからは、テレビで大会を見ていましたが「去年は、この舞台にいたんだよな。名古屋に勝って、市立船橋を破って、国立で青森山田と対戦したかったな」という思いになりました。

全国大会の前に、優勝した青森山田と練習試合をさせてもらいました。やはり、勝ち続けるチームの取り組みを見ていると、もっともっと日常の質を高めていかなければいけないと思いました。青森山田は、球際でマイボールにするために絶対に手を抜かないですし、攻撃時はゴール前でとにかく相手より先にボールに触ってゴールへ押し込もうとする気迫を感じました。しかも、その点に関して、仲間同士で厳しい基準を求め合っているチームでした。常に全国上位を狙うチームのメンタリティーのすごさを感じました。

選手権で連覇に挑戦して、課題を持ち帰り、スタッフも選手も、もっと日常を変えて行こうと意識しているところです。

また、今回は、近江高校（滋賀）が準優勝しましたが、毎年いろいろな新しいチームが力をつけて出てきます。その中で毎回上位に入って来るチーム、勝ち続けるチームは本当にすごいと思います。そういうチームに少しずつ近づいていきたいです。

チームをけん引した、前年からの主力

MF田口裕真、MF田邉望、GK平塚仁、MF木下瑠己は、前年に全国優勝を経験した選手たちで、次の年も主軸を担いました。

田口は、本当にサッカー小僧というタイプの選手でした。ボールを止める技術は、3年生に混ざってもトップレベル。それに、どんな舞台でも堂々と落ち着いて力を出せる良さがありました。プレー面では、周りに走り回ってくれる選手や、ボールを奪い取ってくれる3年生の選手がいたので、ボールを奪った後、すぐに良い場所でパスを受けて前を向いて攻撃を仕掛けることができていました。ただ、そういうプレーが上手い一方で、自分が中心になってやるべきことが増えた最上級生のときには、苦労もしていました。夏にケガをしてしまったこともあり、自分のパフォーマンスが思うようにいかず、チームを引っ張る重責がある中、早くコンディションを戻さなければいけないという状況になったことで、一層難しかったと思います。

GK平塚は、最後はプレーとリーダーシップでチームをけん引してくれました。ベストゲームとなった尚志との試合のパフォーマンスは特に素晴らしかったです。ただ、マイペースな性格なので、なかなか周りに良い影響を与える選手になれていませんでした。能力は抜群に高く、将来的にプロになることも狙えると思いますが、優勝チームの軸だっただけに、もっと早い段

階からチームを引っ張ってもらいたかったというのが本音です。

23年度は、主将が田口、副主将が平塚でしたが、チームへの影響力が大きかったのは、田邉だったと思います。気持ちにムラのある選手でしたが、最後は本当にチームのために走る選手になりました。負けた試合の後もすごく責任を感じて「国立に連れて行けなくて、すいませんでした」と悔しがって涙を流している姿を見て、成長を感じました。前年の木村も同じですが、周りが認めている選手が、みんなの手本となり、チームのために尽くせる選手になれるかどうかは、チーム全体が成長できるか否かに関わってきます。

3年生を見て、何を学び取って行くのかという点は、非常に大切です。下級生の頃に活躍した選手は、次の学年になったら、もっと活躍するだろうと思われている場合が多いですが、実際には、上級生が幅広くカバーしてくれる中で、自分のやりたいプレーをやるだけで良いから、特長を出せているというケースが多いです。2年生のときの田口裕、田邉も、その領域を出ていませんでした。3年生になってみて、先輩たちのすごさに気づくものです。

田邉は、2年生のときにプリンスリーグ中国で得点を多く決めました。一方で、3年生のFW今井拓人は得点が取れずに苦しんでいました。ただ今井が前線で体を張ったり、囮になったりしたことで田邉は得点できていたのですが、その辺りが分からずに、先輩をからかうような素振りも見せていました。

しかし、3年生になったら、まったく別の表情になっていました。やらなければいけないことが多い上、周囲には分かってもらえない部分もある。先輩の今井たちがどれだけ頑張っていたかを、3年生になって痛感したのだと思います。

MF木下瑠己にも、似たようなことが言えると思います。彼は、神村学園中学校の出身ですが、地元は岡山県。2人の兄は、本校サッカー部で主将を務めました。全国制覇を果たした2年生のときは、スーパーサブのような役割でした。3年生となった23年度もまだ局面で仕事をするだけという側面はありましたが、それでも全国選手権では大事な尚志戦で2得点を決めました。元々、技術は高い選手。彼もあまり周りを引っ張るタイプではありませんが、経験を積みながら、変わったのかなとは思います。

プレミアリーグ参入へ

もう一つ、選手権の全国大会直前に、プレミアリーグ参入をかけたプレーオフに出場しましたが、帝京長岡高校（新潟）に敗れてしまいました。前半は互角に戦えていたのですが、後半に脆さが出ました。スタッフも選手も、心のどこかに「すぐに選手権があるから」と、エネルギーを出し切れていなかったのではないかと感じました。

これまでもプリンスリーグ中国で上位に入って参入プレーオフには進んでいるのですが、やはり選手権の時期が近いため、負傷者などを温存する形になって勝ち切れないというケースがありました。選手層の厚さや、チームのタフさが、まだ足りないのだと思います。23年度のチームは、GK平塚が日本高校選抜候補に入りましたが、2年生世代は誰も呼ばれていません。毎年、数名の選手が呼ばれるようなレベルになっていかなければいけません。

同じ高体連のチームでも、青森山田は、プレミアリーグチャンピオンシップと高校選手権の全国2冠。比較するとどの大会も本気で取りに行く姿勢やメンタル、体制作りという面では、まだまだ全国ベスト4の常連レベルの基準に達していないと感じました。高い基準の日常を作り出すためにも、早くプレミアリーグに上がりたいと思っています。

今回は、本校の生徒で構成されているファジアーノ岡山U－18が初めての挑戦でプレーオフを勝ち抜いてプレミアリーグに昇格したこともあり、非常に悔しい思いもしています。プレミアリーグに上がれば、毎週末、全国大会の上位レベルとの試合になりますし、長距離移動しながら戦えば、日常に必要となるタフさも変わります。選手もスタッフも学べることが多くある場だと思うので、何とかして、24年こそは昇格したいと思っています。

進化を目指す「縦に速いポゼッション」

24年度のチームは、パスのテンポを徹底的に上げていきたいと考えています。ボールを走らせるために、早くポジションを取り、個々がボールを持つ時間を短くして、早いテンポでパスを回して、相手の守備のスライドやプレスバックが間に合わない状態にして、相手ゴール前に侵入したいです。

22、23年度は、チームの核となる選手が明確でしたが、24年度は今のところ、平均的。「こいつに任せておけば」という選手は、いません。だから、グループでテンポの早い流動的な攻撃ができればと思っています。タッチ数の制限をかけた練習を多くしたり、判断スピードを上げたりするところに注力しています。

日本一を経験したことで得た刺激を、今後も次の世代に生かし、また、大きな舞台に立てるように邁進していきます。引き続き応援いただければ嬉しく思います。

chapter

6

岡山学芸館ファミリー

吉谷剛コーチ

選手として新天地・岡山へ

私は、東海大学を卒業した02年、ＪＦＬに属していたアルエット熊本でプレーしました。日本電信電話公社熊本サッカー部が母体で、その年にクラブ化したばかりのチームでした。クラブは今も残っていますが、当時のトップチームは、後にロアッソ熊本の前身であるロッソ熊本となり、熊本県にＪリーグチームを生むことになっていきました。

しかし、私がプレーした年にＪＦＬから九州リーグに降格。チームを辞めることになりました。移籍先を探していたところ、05年に国体開催を控える岡山県から強化指定選手の話をいただいたのが、岡山に来たきっかけです。岡山学芸館高校で非常勤講師をしながら選手として活動するという話でしたが、ファジアーノ岡山発足に向けて動いていることも聞いていたので、まず国体を目指して頑張ろうという選手目線しか持たずにやって来ました。教員免許は持っていましたが、教員になろうと思ったことは、一度もありませんでした。ところが、1年目から担任を受け持ち、教員として働くことになりました。

学校の変革期、生活指導に明け暮れた出発点

岡山学芸館
ファミリー

高原も同じでしたが、最初はサッカーの指導よりも生活指導が主でした。現在では進学面でも部活動でも実績を挙げていますが、当時は不登校や喫煙などの問題が多い学校でした。サッカー部も例外ではなく、喫煙などの問題があり、授業を終えたら保護者対応、家庭訪問をして、それから練習に参加するような日々でした。

私自身が教員になろうと考えていなかったため、生徒への対応にも課題がありました。問題に真っ直ぐに向き合ったつもりではありましたが、最初に担任をした2年G組は、45名で始まったクラスが、3年生になる頃には34名に減っていました。教員としての力のなさを痛感する日々でした。それでも、実際に働き始めて、教員という仕事にやりがいを感じたので、05年の国体を区切りに選手生活は引退し、今の道に専念することにしました。

教員生活11年目の12年には、印象に残る生徒がいました。5人兄弟の4番目の女の子でした。彼女は、妹と2人で児童養護施設に住んでいました。両親はどこで何をしているのか分からず、兄はどこかの島で漁師をしているらしく、姉は犯罪を犯して少年院に入っているらしいという状況で、妹だけが血の繋がった家族で近くにいる存在でした。入学後、特に問題を起こすわけではありませんでしたが、誰のことも信頼できず、大人のことを敵対視するような目で常に見

ている生徒でした。少しずつ感情を表現するようになり、落ち込んだり、悲しそうに泣いたり、気持ちを私にぶつけてくるようになりました。しかし、常に対応できるわけはなく、時間がなく軽く対応すれば態度は荒れ、きちんと正面から対応すれば、感情を爆発させるが落ち着きを持って優しい目になっていくという繰り返し。どう接すれば良いのか､頭を抱える日々でした。ある日、その生徒から「先生に私の気持ちなんか分かるもんか。子どものいない先生に！」と叫ばれ、言葉が詰まりました。しかし「分からんよ。でも、お前のことを考えて言っているよ」と涙が止まらず、訴えたことがありました。

当時読んでいた本に、次のようなことが書いてあったことが、私の救いになりました。

「教師に最も必要なものは、愛と気概である。愛は、何が何でもこの子を受け止めてやるという心情。気概は、この子を成長させるためにとことんやるという信念。この愛情を持てる範囲が自分の器である。手のかかる子どもには、気概をもって受け止める」

戸惑いながらも、この女子生徒を愛情いっぱいに受けとめようと思って接しました。その後、彼女は無事に進級し、人の役に立つ老人保健施設に就職したいと考えるようになりました。きちんと卒業式を迎えることができたこと、卒業当日に彼女から伝えてもらった感謝の言葉は、今でも私自身の励みになっています。

親友・高原の橋渡し役となり、二人三脚の挑戦へ

サッカーの話に戻りますが、岡山に来たのが2003年の3月でした。来て間もなく、東海大学サッカー部時代、一番仲の良い友人だった高原の相談を受けました。

まず、当時サッカー部の外部コーチだった馬場博志監督に恐る恐る「コーチをしたいと言っている友人がいるのですが……」と話すと、森健太郎校長に話を通してくれました。私自身の契約が4月から。まだ正式には働き始めてもいない状況です。そんな私に斡旋を頼む高原もどうかと思いますが、本当に聞いてみた私も私。今にして思えば、非常識でした。2人とも学生気分がまだ抜けていなかったのか「お前のとこ、空きはない？」、「わからんけど、ちょっと聞いてみるわ」という勢い任せな行動でしたが、森校長から「とりあえず、明日呼んで」と言われ、次の日に喫茶店で面談が行われた結果、高原も岡山に来ることになりました。

高原は「猪突猛進」の男

高原とは、大学で知り合ってすぐに意気投合し、一緒に遊ぶ仲になりました。高原は、大学

時代は攻撃的なサイドバック。骨太で身体が丈夫で、対人、ヘディングの強さが武器でした。技術や能力がどうかというより、とにかく試合に勝つ、対面した選手に負けないという姿勢が強い「戦闘能力の高い選手」というイメージが強く残っています。

高原が福岡県、私が大分県でともに九州出身。寮の部屋も近く、私と同部屋だった先輩の吉川博人さん（現在は、東京都の東海大高輪台高校でコーチをされています）が優しくて、後輩が部屋に集まっても文句を言わない方だったので、私たちの部屋に高原がよく遊びに来ていました。大学2年、3年のときは、寮で2人部屋。キレイ好きな男でした。互いを知っていて、最も気を許せる人間です。

彼の良いところは、猪突猛進の姿勢だと思います。学生の頃から、あまり他人の視線などは気にせず、自分がやりたいこと、なりたいものを見つけたら、迷わず真っ直ぐに貫けるところは、強みだと思います。とにかく、やろうと思ったら、すぐに行動します。

実現に向かう、高原監督の驚異的なスピード感

憧れや夢を強く描き、なりたいものになる、という彼のスピード感は、社会人になってから

も変わっていません。岡山に来て、前任の馬場監督が辞めて、私と高原の2人体制になった08年には、いきなりスペイン遠征を行いました。以降、今も隔年で海外遠征を行っています。旅行代理店業者から学校宛てに提案書が届いていたのがきっかけでしたが、高原はすぐに校長に交渉しました。学校全体で行っている海外研修を、サッカー部独自でやるという形でどうかと学校に相談したというのですが「もう少し、検討した方が良いのではないか」と思ったのを覚えています。

学校にする要望も、人工芝の張り替えや、筋力トレーニングルームの設置、移動用バスの購入など、高原は、どんどん実現に向かっていきました。迷わずに突き進めるのは、本当に彼の最大の武器だと思います。

岡山学芸館は、分かりやすいスタイルのチームではないと思いますが、それは、高原が良い意味で欲張りだからだと思います。良いものは吸収する、静岡学園を見れば個の力がもっと必要、高川学園にフィジカルで負ければ身体作りが必要だと言う。個人技のブラジルみたいなチームも作りたいし、組織的なスペインの良さも欲しいと言う。最終的な理想の完成形を描いて進んで来たチームではなく、その場その場で、いろいろなチームに影響を受けて、良いところ取りを続けてきた結果、意外といろいろできるチームになっていったと言えると思います。

とにかく、思い立ったら、すぐに行動する男です。

岡山学芸館
ファミリー

異なる練習方法

練習メニューの作り方も、高原と私は異なります。高原は、よく言えば流行に敏感で、現代サッカーのスタイルや練習を積極的に採り入れますが、私は本質を押さえた昔ながらの練習を好みます。

高原がジョゼップ・グアルディオラ監督のマンチェスター・シティに影響を受け、「偽サイドバック」の練習を急に始めて「アイツ、何をやっているんだ」と思って眺めていたこともあります（笑）。

ただ、最初は高原と私の2人でトップチームを指導していましたが、少しずつOBをはじめとする若いコーチがチームに加わってくれたので、練習では私はセカンド、サードのチームを中心に指導するようになりました。さらに若いコーチが増えて来たので、最近は、全体を見て足りないところを補うような役割を担いながら、トップチームの試合に帯同していますので、私と高原が同じチームの練習を見ていることはほとんどなく、メニューも別々に組み立てています。当然ですが、セカンドやサードのチームでは、トップチームとは選手の技量が異なるので、別のアプローチを考えています。だから、昔ながらの練習を好んで行う部分もあるのかもしれません。

そうはいっても、技術を磨かなければ、トップチームの選手に対抗するのは難しいです。しかし、小学生のときのように、みるみるうちに技術が身につくという年齢でもありません。3年間、実質2年半ほどでトップチームの選手に追いつくために、セカンド、サードのチームでは、頭の回転を早くしようとテンポアップを試みるのですが、そうすると技術不足を思い切り露呈することになります。結局は、どちらも必要になるので、テンポアップでカバーすることを目指しながら、突き付けられる技術不足の改善に取り組む。今のセカンドチーム、サードチームは、そのような意識を持たせて練習を行っています。

セカンドチーム以下の選手の存在感

セカンド以下のチームを指導するときは、一人でも多くトップチームに上げたいと思って見ていますが、やはり、セカンド以下でも、成長するのは、素直でコツコツと努力できる選手です。見た目は「ハイ、ハイ」と返事をしているけど、しっかりと解釈して自分のものにしようとしていない子は伸びません。怒られないように……と他人の目を気にしている選手も伸びません。選手自身の人間性の成長がないと、なかなかトップチームの選手との力量差は埋まりま

チームが強くなるためにはトップだけでなく、セカンドチーム以下の選手たちの成長が不可欠

せん。

しかし、全国優勝した翌年、23年のシーズンは、セカンドチームからトップチームに上がった選手が何人か活躍しました。勉強ができる子の集団がいて、全国高校選手権の試合登録メンバーに入れたのは、FW伊藤央将くらいでしたが、その集団の4、5人ほどがトップチームに上がって定着しました。それまで、トップに上がっても活躍できない選手がほとんどだったことを考えると、上がってからも存在感を出していたように思います。おそらく、入学時から長く、全国大会のメンバーに入るとは思われていなかった選手たちだったので、彼らの活躍は下級生を筆頭に、多くの選手の励みになったと思います。

チームが組織として強くなるためには、

トップだけでなくセカンド以下も成長しないといけません。今は、すべてのカテゴリーのチームに指導者がいて、人工芝グラウンドもみなが使えますし、トレーナーさんに身体を診てもらうこともでき、昔に比べたらかなりありがたい環境が整っています。

23年度は、トップがプリンスリーグ中国で2位、セカンドが岡山県1部で2位、サードが岡山県2部で3位でした。トップがプレミアに昇格していれば、セカンドがプリンスリーグ参入戦に参加できる状況にありました。22年度の全国優勝を見て入学してくる24年度の1年生が最上級生になる頃、トップはプレミア、そしてセカンド以下のチームも所属するカテゴリーが一つずつ上がっていたら理想的かなと思います。

全国優勝の大きな原動力は、確かにピッチでプレーした選手だと思います。ただ、チームには、いろいろな思いを持った選手がたくさんいて、その多くの選手たちの思いがあるからこそ、学芸館は高校生らしくひたむきで一生懸命なサッカーができているようにも思います。その学芸館らしさは今後もなくさずに引き継いでいきたいです。

「監督とコーチ」と思ったことはない、2人の関係性

前任の馬場監督が辞められて、2008年からは私と高原の2人体制になりました。高原が監督ですが、私は、自分の立場を「(監督の下の)コーチ」と思ったことはありません。親友だからかもしれませんが、外から見ると、ちょっと奇妙な感じではあると思います。チームを見て気になるところは違うのですが、それを上手く混ぜ合わせられるのは、私たちの関係性によるところが大きいのかなとも思います。

高原は大雑把なところがありますが、私は細かく考えるタイプで、全然違う性格の人間だと思います。それでも、長く一緒にいたからか、あうんの呼吸で分かり合えるところがあると思っています。チーム作りでも最初から同じものを描けているわけではありません。高原は、どちらかと言えば、ショートパスをつなぐサッカーを好みます。しかし、私は、シンプルに、なるべく早く、前線のFWにチャンスを与える速い攻撃を好みます。

ただ、選手が「指導陣が別々のことを言っている」と感じないように、選手への伝え方には気をつけています。ミーティングでは、まず自分の思いを強く伝えられる高原が先に話します。その後に、それを聞いた子どもたちの状態を考えて、もう伝える必要がなくなったものは言いませんし、まだ理解できていないところは足して、私が話すようにしています。

話す順番を逆にすると、高原のパワーが強過ぎてバランスが取れません（笑）。私や高原が思い描くものの中間にうまく収まったのが、優勝した時のチームだったように思います。

異なるイデオロギーを混ぜ合わせる2人

高原も言っていますが、全国優勝した世代の最大の特徴は、素直な子が多かったことだと思っています。それぞれが、チームの成功のために、どう行動すべきかを吸収しようとする姿勢が素晴らしかったです。

思えば、岡山学芸館は、私と高原だけでなく、それぞれの恩師も違う特長を持っていて、2人がそれぞれの良さを持ち込んで混ぜ合わせているようなところもあります。高原には、規律を重んじるところなど、恩師の平先生から受け継いだものがあると思います。

私には、大分の情報科学高校で栗屋昌俊先生（07年、64歳で逝去）から受け継いだものがあります。全国高校選手権では、準決勝も決勝も、試合前には栗屋先生に報告するつもりで、国立競技場から先生の奥様にお電話させてもらい「今から、頑張ります」とお話をさせていただきました。

栗屋先生は、練習では、基本的に指示はされず、よく「ちゃんと考えろ」と仰っていました。今振り返ると、栗屋先生からは自らで考え、判断することの大切さを教わった気がします。

2人がまったく異なる選手へのアプローチ法を恩師から学んでいて、それがミックスされているのも、今のチームの面白さではないかと感じます。規律と自由、攻撃と守備、遅攻と速攻――相反するように思える部分でも、それぞれの良さを認めて採り入れているという点は、このチームの歩みであり、良さであると言えます。

08年に私と高原の2人体制になった直後は、前任者との縁で選手を送ってくれていた中体連チームとの関係性を築き直すのに時間がかかりました。その間、私たちは対外試合でチームを鍛えていましたが、相手の良いところを学ぼうとする考え方や、良いと思うものは、2人に共通するものでした。どちらかと言えば、先進的で形の整ったフットボールよりも、古き良き伝統を感じる高校サッカーらしいチームが2人とも好きです。

チームの中で、人それぞれが生き生きとしていて、異なる考え方やスタイルを混ぜられる素直さは、特に意識したことはありませんでしたが、私たちが求めて来たものなのかもしれません。

躍進に重なった、恩師の言葉

選手の個性が一つにまとまったとき、チームは個々の能力以上の強さを持ちます。私が初めて実感したのは、18年度に全国高校選手権で初めてベスト16に入ったときでした。1回戦より2回戦、さらに3回戦と、試合をする度にチームが強くなっているのを感じました。これは、偶然ではありませんでした。

この大会は、東海大学の恩師である宇野勝先生(21年4月に逝去)が初戦を見に来てくださって、試合後に「このチームは、だんだん強くなると思うよ」とメールをくれました。私は、まだ見抜くことができていませんでしたが、経験豊富な指導者には、良いチームの資質が見えていたのだと思います。

22年度の全国高校選手権も初戦の帝京大可児との試合は、決して良い内容ではありませんでしたが、2回戦以降は少しずつプレー内容もチームワークも良くなっていき、18年度の大会と同じ感覚になりました。

起きた事象に対して、全員で解決に向かっていける人間性、チームワークなくして、優勝はあり得ませんでした。

平GAの加入により、組織がファミリーになった

2人でずっと指導をしてきたチームが日本一になったことは、夢のような出来事です。素晴らしい選手たちに恵まれたことは言うまでもありませんが、彼らも一人ひとりを見れば、とんでもなく能力が高いというわけではありません。同じように、指導陣も、東海大福岡を強豪に押し上げた平清孝先生を除けば、高原も私もOBで帰って来たコーチたちも、一人ひとりは大したことがありません。一人で何かを成し遂げられるような人間ではないと思います。それでも自分たちで考えて行動できる環境を学校が与えてくれた中で組織として力をつけることができているのかなと思います。

これまでも、スタッフが増えたタイミングでチームは強くなっていきました。GKを指導している堀之内健介先生がコーチとして来てくれた12年に初めてインターハイで全国大会に出場できました。金田泰弘コーチが加わると、高校選手権でも全国大会に出場できました。そして、22年度は、実績も経験もある平清孝先生がゼネラルアドバイザーとして加わって、組織がファミリーになりました。みんなが日本一を目指して、それぞれが一生懸命でしたが、どこか足りない。そんな状況に平先生が来て、選手にも指導陣にも安心感が生まれたように感じました。

だから、国立競技場という大舞台でも、選手たちがニコニコと笑いながら普段通りのサッカー

ができたのだと思いますし、それが、日本一という奇跡を生んだのだと思います。おそらくですが、平先生がいなければ、勝てば勝つほどに高原や私がしゃかりきになり、その気負いが選手に伝播して、上手くいかなかったのではないかと思います。

私は、全国大会の準決勝と決勝を、毎日見ています。4歳の息子がサッカーが大好きになり、朝起きると神村学園との準決勝、幼稚園から帰ると東山との決勝戦の録画を見るからです。一緒に見ていると、試合展開は覚えているので、少しずつ試合内容以外のところが気になるようになりました。監督や選手の表情などを見ると、やはり大舞台で勝負所になればなるほど、神経質になるものなのだろうと思いました。それを考えると、私たちは国立でみんなで試合前に写真を撮って楽しんでいて、すごく平常心で臨めていたことが大きかったのだと、あらためて思います。

岡山学芸館 ファミリー

私と高原は親友ですが、どちらも指導者経験がないまま、2人でこのチームを見てきました。悪くいえば、同じ勉強しかできていない状態ですし、他者から教えてもらえる環境にはありませんでした。ですから、平先生が来られると聞いたときは、すぐに「良いと思う」と高原に言いました。実際、平先生が来られたことで、指導者陣も今までにない緊張感を持って活動できるようになったと思います。

平先生が来られてすぐに全国優勝となり、平先生と高原の師弟関係での日本一が話題になったときは「吉谷は面白くないだろう」と言う友人がいましたが、平先生は来られたときからずっと関係性を気にかけてくださって、私には特に気を遣ってくれています。それに、最も大事なのは、選手にとってどうかであり、その点で考えても、平先生の加入は大きなメリットだったと言い切れます。

大きな影響を受けた、人間学に関する読書

もちろん、私も人間なので、時には妬みや僻《ひが》みのような、小さな考えや気持ちを持ってしまう瞬間はあります。しかし、それはとても「しょうもないもの」だと思います。そんなふうに消化できるのは、読書の影響が大きいです。

私は、森信三先生（1992年に逝去）の本に大きな影響を受けています。30歳くらいのときに学校関係者から勧められて、月刊誌の「致知」を読んだときに掲載されていた対談記事をきっかけに知った「修身教授録」は、衝撃的でした。人たるもの、教員たるものは、いかにあるべきかといった話が書かれている本です。

ほかに、京都大学の学長を務められた平澤興先生（1989年に逝去）の「生きる力」とい

う講話選集にも影響を受けました。この2冊に出会えて、本当に良かったと思っています。選手にも、サッカーの話より、これらの本を読んで学んだことを伝えているかもしれません。これらの本に出会う前の自分であれば、高原と一緒にチームを見てくる中のどこかで、自分が本当にやるべきことや、為すべき役割から外れてしまっていたでしょう。読書によって学んだことを生かせて、私と高原が2人でいるから出せるパフォーマンスを発揮できているのではないかと思います。

指導陣の役割分担

先ほど、ミーティングでは、高原が先に話して、私が後から話すとお伝えしました。指導者には、それぞれの考えがあり、一歩間違えると「船頭多くして船山に上る」という諺《ことわざ》のような失敗に至ります。指導者それぞれが言いたいことを言う、伝えるというだけでは、選手のためにはなりません。私は、高原の言葉を聞いていて「そこまで言わなくてもいいのではないか」と感じることも多いです。しかし、高原が強く伝えた後だからこそ、違う言い方をした私の言葉が選手たちに突き刺さるように感じる部分も多く、最初から私だけが伝えるよりも、高原だけが伝えるよりも意味のあるものにできているのではないかと思います。

サッカーで選手が各ポジションの役割を果たすように、スタッフ陣にも、それぞれの役割があると感じます。例えば、選手個々のフォローは、私も高原もほとんどしていません。今は、もっと若くて、このチームのOBでもある澤井信宏コーチ、三宅雄高コーチがしてくれています。繰り返しますが、奇跡の優勝は、このチームに携わる人たちの総合力が結集したからこそ成し得たものです。素晴らしい人間性を備えた選手が多い代だったこともあり、学校、保護者も含めて、たくさんの方の応援を得て戦うことができたことは大変幸せでした。この場を借りてあらためて感謝をお伝えします。本当にありがとうございました。

堀之内健介コーチ

いろいろなチームに影響を与えた日本一

主にGKの指導をしている堀之内健介です。私が、岡山学芸館に来たのは、大分の県立情報科学高校、東海大学の先輩である吉谷コーチの存在がきっかけでした。

大学を卒業して、ＪＦＬのアルテ高崎で1年プレーした後、ファジアーノ岡山とカマタマーレ讃岐のセレクションを受けることになり、当時、ファジアーノ岡山に関りのあった吉谷先生に連絡をしました。結果的には讃岐でプレーすることになったのですが、将来は指導をしたいと考えていたこともあり、引退する前の年には、週に1回、岡山学芸館でＧＫコーチをやらせていただきました。２０１０年で現役を引退し、翌年からは常勤講師として働きつつ、選手寮の舎監業務としてスタッフに加わり、自分がプレーして来たＧＫの練習を担当しました。

初めて練習を見に来たときは、まだ土のグラウンドで練習していました。部員も現在に比べれば3分の1程度しかいなかったと思います。高原先生と吉谷先生の2人で、何とかして岡山県で一番のチームになろうと目標に向かっている時期でした。そこから、10年ちょっとで日本一になるとは信じられない気持ちです。

優勝した翌年、私は岡山県の国体チーム（少年の部）でコーチをやらせていただきました。ミーティングの際、優勝した第１０１回全国高校選手権のトーナメント表を選手たちに見せて「これを見て、学芸館が優勝すると思う人なんて、いないでしょう？　でも、結果はどうだった？実際には出場したどの高校にも優勝する可能性があったよね」と言いました。トーナメント表には、サッカーをしている人なら誰でも知っているような強豪校の名前があります。選手に言いながら、自分でもトーナメント表を見たのですが、まだまだ全国区とは言い難い本校が、日本一まで勝ち上がった事実は、あらためてすごいことだなと感じました。岡山学芸館が日本一になれるならば、国体の岡山県代表だってなれる、選手たちにはそう思ってほしかったのです。ほかのチームも同じように、うちだってと感じたのではないかと思います。

優勝後、たくさんの指導者の方々に、「感動したよ」「すごかった」「ありがとう」という声を頂きました。日本一になれたのはそうした数多くの指導者の方々と常日頃から交流させていただき、お互いに切磋琢磨してこれたからだと思います。

チームの根幹は、2人の独特な関係性

このチームをずっと作って来たのは、高原先生と吉谷先生です。私たちも意見を言いますし、高原先生は私たちコーチの意見を聞きながら判断されています。スタッフ間の風通しは、良いと思います。私も指導者になってまだまだではありますが、それなりに経験を積んできました。やっぱり高原先生と吉谷先生の2人の独特な関係性が、チームの根幹になっていると思います。ミーティングでは、お互いに意見を曲げずに正面から言い合います。最終的には、吉谷先生が「お前が決めたらいいやん。お前がどうしたいかや」と言って、監督である高原先生が決め

る形が多いと思いますが、高原先生が急に布陣変更を提案したときに、吉谷先生が「オレもそれを言おうと思っていた」と以心伝心のときもあります。結局のところ、2人の仲の良さが、意見の衝突を悪い方向に影響させず、多角的に見るメリットに変えていると思いますし、意見がかみ合ったときや、理解して協力したときには、どこよりも強い力を生み出す形になっています。

ずっと一緒にいるからなのだと思いますが、2人は、スタッフルームにいると「あのとき、お前は……」と、いつも思い出話をして笑っています。本当に、どこまで仲が良いのだろうと思います。

この2人に私や、金田泰弘先生、OBである三宅雄高先生が加わって、岡山県を勝ち抜けるチームに成長して来ました。24年から同じ敷地にある清秀中学校の子がサッカー部に入って来るので、中学校の先生と話していましたが「トップはプリンスリーグ、セカンドは岡山県1部、サードは岡山県2部、1年生はルーキーリーグ。どのカテゴリーに入っても指導者に見てもらえるのはいいですね」と言われました。それは、学校の理解があって成り立っているものです。ただ、それぞれが各カテゴリーを指導するだけでなく、選手やチームの状態について、情報を共有して、常にみんなで指導を考えています。意外なコンバートで活躍する選手が多いのは、そうした取り組みと、高原先生や吉谷先生の勝負勘による影響が大きいのかもしれません。

私の印象に残っているのは、岡山県3冠（インターハイ予選、リーグ戦、選手権予選）を達成して、初めて高校選手権の全国大会に出場した16年のチームで、西崎剛司という選手を攻撃的MFから左サイドバックにコンバートして、うまく機能した例です。彼に限らず、どの選手にどんなアプローチをしたら、トップチームで活躍できる選手になれるか。その点は、すべてのカテゴリーの選手に対して、みんなで考えています。誰もがトップチームの選手と同じようにプレーできるわけではないので、各カテゴリーで選手の能力を考えながら、常にアプローチの方法を模索しています。

大きかった平GAの加入

22年には、スタッフに大きな力が加わりました。高原先生の恩師である平清孝先生がゼネラルアドバイザーとしてチームに加わり、日本一を達成することができました。やはり、東海大五高校で長年にわたって高校サッカーをけん引してきたベテラン指導者の存在は、大きかったと感じます。存在感や言葉の重みは、真似できるものではありません。選手が平先生の言葉を聞くときの真剣さ、声をかけてもらったときの喜びようを見ていると、伝わる力の強さを感じずにはいられませんでした。

基本的に、平先生はチームの練習などは高原先生や吉谷先生に任せていて「サッカーは、メンタルスポーツだ」と話して、選手の心の整理をしてくださったり、「基本が大事」と繰り返して仰っていたので、選手も自分自身の姿勢や態度を振り返る良い機会を与えてもらっていたように思います。知識も経験もある方だというだけでなく、白血病を乗り越えてサッカーに携わり続けている方であることも選手たちは知っているので、一つひとつの言葉が浸透しているように感じました。

そのおかげもあり、全国優勝をした年は、本当に一体感の強いチームになりました。大会期間中、私は登録メンバー外の選手たちと静岡県の御殿場で合宿をしていましたが、練習後、暗くなったグラウンドで、メンバー外の3年生が中心になり、東京にいる主力と心を合わせるように、みんなで肩を組んで応援歌を歌う姿が見られました。静岡にいても、強い一体感を感じるチームでした。

またこの合宿には、マネージャーだったOGの吉村（現・岡山学芸館高校事務職員）も帯同してくれて、マネージャーの指導や選手権大会の流れを確認して、今後の準備を手伝ってくれました。マネージャーは普段あまり目立つことはありませんが、チームにとっては欠かせない存在です。

試合の日は会場へ応援に行きましたが、試合が終わると、応援席の入れ替えの最中、周囲のごみ拾いをする選手の姿が目に映りました。やっぱり、優勝するチームは、こういうことができる人間性の優れた選手の集団なのかなと思わされました。彼らのひたむきさが、大会を通していつも以上の大きな一体感を生んだ年だったと思います。

チームは、たくさんの方に支えられています。瀬戸内グラウンドがある岡山県瀬戸内市邑久町には、チームを応援してくださる方が数多くいてくださいます。練習試合でも「また来ちゃいました」と言って、見に来てくださる方もいますし、選手の母校である中学校の先生でも見に来られる方がいます。学校もまだ結果を出していない時から常に応援してくれていました。

高卒でプロに行くようなスーパースターがいないため、みんながチームのために頑張ろうとする姿が、きっと多くの人に感動を与えられたのだと思います。そんな人たちからの応援を選手たちも背中に受け、戦えたのも全国制覇できた要因だったと思います。決勝戦で2得点を挙げたMF木村匡吾などは、典型的な例だと思います。小柄ですが、攻撃でも守備でもとにかくボールに関わり続ける一生懸命なプレーでした。チームも、選手たちも「岡山の子でもできることを証明する」という気持ちを持って挑戦していたことも、周囲を巻き込む熱気につながったのではないかと思います。

GK平塚の成長と、彼を支えた仲間たち

GKの指導に関して言うと、時代の変化を受けて「できることを増やす」目標を持つようになりました。まずは、ゴールを守る、失点をしないという仕事が最優先ですが、現代サッカーでは、攻撃のビルドアップに加わったり、手を使えるペナルティーエリア内だけでなく、押し上げた最終ライン裏のケアをしたりと、GKには広範囲のプレーが求められます。

全国優勝したときは、平塚仁が2年生でゴールマウスを守っていました。彼は、サイズもあるタイプで、ハイボールの処理でも跳び上がってからもうひと伸びするようなバネがあり、身体能力に長けていました。特に伸びのあるキックには自信を持って武器としていました。ただ、ピンチを防げなければ、得意のパントキックの見せ場もありません。ボールを奪いに行く意識を常に持ち、セービングをコツコツと磨いたことで、クロスボールをキャッチしてパントキックで反撃につなげるようなプレーが増えていきました。

また、コーチングの面でも少しずつ成長していきました。アスリートとして、もっと上のプレーをできるようになろうという意欲が強く、できることが増えていった選手です。試合に出始めてからは、経験を積む毎に自信を得たように感じました。

ただ、1年生のときには、きつく怒ったことがあります。1年生のみのルーキーリーグで全

国大会に出場した際、GKは平塚と犬飼晴翔の2人を連れて行きました。平塚を先発で起用していたのですが、犬飼は、いつも平塚の準備の手伝いをしながら、いつ自分に出番が回って来ても良いように、高い意識で自分の準備もしていました。セカンドGK、サードGKは、本当に準備が大変です。そこで、最後の3位決定戦では、平塚ではなく、犬飼を起用しました。すると、平塚は、自分は控えだからと自分のことだけを考えた態度を見せたので、仲間の気持ちが分からないような奴ではダメだと厳しく怒りました。

トップチームでは、2年生のインターハイ全国大会からレギュラーになりましたが、このときも1学年上で正GKだった矢野晃が、ポジションを奪われても腐ることなく努力を続け、平塚を支えていました。平塚は、3年生になってからは、準備や片付けを率先して行ったり、GK練習のウォーミングアップで走る時も先頭を切ったりと、リーダーシップを発揮するようになっていきました。いろいろな経験を経て、彼も成長していったように感じます。

日本一は、多くの選手の努力の積み重ね

全国優勝を果たしたことで、その世代の選手たちが注目を浴びましたが、日本一にたどり着

けたのは、これまでの先輩たちが築き上げた土台があるからです。

GKでも、過去には岡崎修也（現・鎌倉インターナショナル）のように、掲げた目標に対して努力できているかという視点で、選手同士で本気でぶつかり合うような選手もいました。平塚の先輩である矢野や、同級生の犬飼のような選手の存在も、チームには欠かすことができません。優勝した選手たちだけでなく、多くの選手の努力が積み重なってたどり着いた日本一だと思いますし、これからの選手にも、先輩たちの良いところを学んで、プレー面だけでなく、さらに優れた人間性についても身につけていってほしいと思います。

金田泰弘コーチ

高原先生の熱量と、吉谷先生のコーチング

多くのチームは、最後に監督の言葉でミーティングを締めると思いますが、高原先生の強い言葉の後に、吉谷先生が調整してくれるのが、このチームにとっては一番バランスが良い形です。選手に「高原先生は、どんな人？」と聞けば、おそらく「勝ちにどん欲な人」と返って来

ると思います。勝負にかける熱量が強く、勝とうという気持ちを引き出してくれます。

例えば、ハーフタイム。まず、高原先生が「お前ら、全然戦えてないぞ！　こんなもんじゃないだろ！」と熱く喝を入れます。選手は、もっとやらないとダメだという顔つきになります。その後に、吉谷先生が「セカンドボール、拾えてないよな。ファーストも競れてないよな」と少し具体的に補足してくれる。それで、選手はやるべきことと、やろうとする気持ちの両方を得ているような気がします。

補足していると言うと簡単に聞こえますが、一人のコーチとして考えると、難しい方法だとも感じます。コーチの立場で選手に話すときは、選手に「監督の話と違う」と思わせてはいけません。監督の指導が伝わりにくくなりますし、選手には迷いが生じます。でも、同じ人間ではないので、監督の話と同じ方向で伝えることが難しい場面も出て来るものです。そこが2人の理解と信頼で良いバランスで成り立っているので、本当にすごいと思います。

高原先生はボールを握って攻めるスタイルを好みますが、試合展開によっては、勝つために吉谷先生が壊していくときがあります。でも、2人が試合中に口論になることは、ありません。

23年のインターハイ・岡山県大会の決勝で玉野光南高校と対戦したときは、ずっと練習して来たビルドアップスタイルの攻撃では点が取れず、吉谷先生が「FWの選手を代えて、ターゲットにロングパスを蹴って、こぼれ球を拾って攻めよう」と意見を出して、そこから展開が変わって勝ちました。

高原先生は、理想はあるけど、勝負に勝つことが優先。吉谷先生の分析力と、高原先生の勝負に対する感覚がミックスされて、岡山学芸館のサッカーは成り立っています。

スタッフを含めたチームの一体感

一方で、高原先生はミーティングの後半を吉谷先生に任せるように、スタッフを信用して、私たちの意見もすごく聞いてくれます。大体、先発メンバーで1人か2人、試合の登録メンバーなら5、6人は、コーチ陣の意見を聞いて決めているように思います。高原先生自身の考えだけでやろうとするのでなく、チームで戦おうとしてくれる監督です。

その方針によって、それぞれの力を上手く結集して、パズルがすべて奇跡的にはまっていった感じがあったのが、全国優勝をしたチームの年でした。スタッフでは、高原先生が戦術を決める。吉谷先生がサポートする。若い三宅雄高コーチが自主練習を見て、選手個々の技術を伸ばしていました。私や三宅が厳しい指導をする一方で、ゼネラルアドバイザーの平清孝先生が笑顔で選手に接してくださって、選手は平先生に褒めてもらいたくて頑張れる。言葉の重みも、当たり前ですが、私たちとは全然違い、たった5分の話でも選手を変えてくれました。長瀬亮昌トレーナーによるフィジカルトレーニングが始まって2年目で、筋力向上の成果もあったと思います。

その中で、高原先生も吉谷先生も、私や澤井、三宅など若いスタッフに任せるところは任せて、スタッフも伸ばそうとしてくれていると感じます。三宅は2人の教え子ですが、私は、まったく別で、大阪の近畿大学附属高校の出身で、大学ではサッカーをしていませんでしたし、指導キャリアもないまま、この学校にやって来ました。きっと任せるのが不安なところはあると思うのですが、信頼して任せてくれます。だから、若いスタッフも「やらされている」のではなくて、期待に応えたいという気持ちを持って指導にあたっています。

全国優勝への飛躍の背景

全国優勝を果たしたシーズンは、高原先生の恩師でもある平先生がチームスタッフに加わりました。東海大福岡高校におられたときは、私自身は直接の交流がなく、ちょっと怖い印象でオーラのある方だなと思っていたのですが、一緒に働いてみると、周りから慕われている理由がよく分かりました。細かいところまで気を遣ってくださるし、律儀だし、優しいし、我々のような若手にもきちんと感謝の言葉を言ってくださるし、絶対に見下した姿勢を取りません。その中で私たちが選手に厳しくあたってしまったときなどは「スタッフが選手を叱り過ぎなんじゃないの?」と笑いながら、諭してくれます。

先ほど、高原先生がスタッフの意見を聞きながらメンバー選考をされるという話をしましたが、平先生が来られてから選手の起用法が変わった部分もあるように思います。以前は、比較的メンバーを入れ替えながらトーナメントを戦っていく印象が強かったのですが、早い段階からベストメンバーを組んで戦うことが多くなりました。一方で、平先生が意見を言っても、高原先生が主張を曲げないこともあり、今までのスタイルにうまく混ぜ合わせて、新しい体制における全員の力で戦おうとしていると感じました。

そのスタッフの総力戦を見事に生かしたのが、全国優勝をした22年シーズンの選手たちだったと思います。本当に上手くなりたい、強くなりたいという一心で、苦しいときでもアドバイスや指摘を聞き入れて、自分自身の改善に務められる選手が多かったです。とにかく素直だったという一言に尽きます。学芸館が優勝すると思っている人はいなかったであろう大会で、日本一という経験をさせてくれたことで、私自身も学ぶことがありました。スタッフ陣だけでなく、選手たちにも本当に感謝しています。

三宅雄高コーチ

OBとしての思い

私は、このチームのOBです。高校生のときは、とにかく学芸館で全国大会に出たいという思いでプレーしていました。ただただ、一生懸命にサッカーをしていただけでした。

当時は、GKコーチの堀之内健介先生が外部指導員の形で来てくれていましたけど、フィールドは、高原先生と吉谷先生だけでチーム全体を見てくれていました。まだ弱いチームでしたが、どちらかの先生が九州や静岡の御殿場までマイクロバスを運転して、強豪チームと練習試合をしては、負けて帰って来て、学校の前の坂を走る日々でした。振り返ってみると、2人が、とにかく熱心で、毎日本気でぶつかってくれたから、自分たち選手も一生懸命になれていたのだと思います。

高校卒業後、大学、社会人チームでプレーを続け、20年に現役を引退して指導者として母校に戻って来ました。自分たちが受けていた指導の裏側を見る形になりましたが、スタッフが本当に勝負にこだわって、日々の練習に落とし込んでいるのがよく分かり、「だから、自分たち選手が一生懸命に戦えていたんだ」と思いました。

私が3年生だった12年に初めてインターハイの全国大会に出場できましたが、高校選手権では全国に届きませんでした。しかし、卒業後、チームがどんどん強くなっていきました。高原先生と吉谷先生の2人を中心に「どうやったら学芸館が強くなるか、選手が成長するか」を考え続けていたからなのだと分かりました。

22年に高原先生の恩師である平清孝先生がチームに来られて全国優勝をしたので、多くの記事は、師弟コンビのストーリーを記したものでした。もちろん、平先生の存在なくして優勝はなかったと思いますし、平先生と高原先生の関係もすごいと思っています。ただ、弱小時代から諦めずにやってきた高原先生、吉谷先生の2人だからこそ成し遂げることができたのではないかと思います。

全国優勝のときは、1つだけ高原先生と吉谷先生が写っている新聞記事を見つけて、OBみんなで喜んだのを覚えています。

岡山学芸館
ファミリー

高原先生と吉谷先生の絶妙なバランス

高原先生と吉谷先生のバランスは、絶妙です。高原先生は、自分で引っ張って行く力の強い指導者なのに、私たちスタッフの意見もすごく受け入れてくれます。試合前には、必ずスタッフ全員で食事に行って、意見を聞いてくれます。ゼネラルアドバイザーとしてチームに来られた平先生が「監督がそんなに意見を聞くのか。オレは、ある程度は自分で決めてたけどな。この指導者は、本当に仲が良い」と仰っていました。

バランスが良いのは、選手への接し方だけではありません。高原先生は、勝負に対するこだわりが本当に強い人で、勝負師です。「えっ、このタイミングであの選手を代えるの？」と思うようなさい配が、ズバッと決まることがよくあります。

ただ、高原先生は勝負に熱くなり過ぎる傾向が自分自身にあることを知っているような気がします。何となく、吉谷先生にうまくまとめてくれとSOSを出しているように見えるときもあります。互いが互いの良さと弱さを認め合って、チームの中での役割をあうんの呼吸で担い合っている2人だと思います。

高原先生と吉谷先生がどれくらい仲が良いのかは、一緒にいれば分かります。それは、私が高校生のときから変わっていません。変わったことと言えば、吉谷先生がちょっと優しくなったくらいです。

ミーティングでは、高原先生が熱く話した後に、吉谷先生が少し冷静に調整してくれます。すごいと思うのは、後から話す吉谷先生が「自分からの指導」という雰囲気を出さずに、あくまでも高原先生が伝えたいことの肉付けとして話すことです。だから、選手が「高原先生の言葉ではなく、吉谷先生の言葉を聞こう」とはなりません。私は、このチームのOBで、選手としての体験があるから分かるのですが、吉谷先生も、高原先生と同じことを言っていると、いつも感じていました。

高原先生は、本来なら自分が最後に話してミーティングを締めくくりたいのではないかと思います。自分が話した後に吉谷先生が少しでも違う方向性のことを話したら選手が迷うからです。でも、吉谷先生に託す信頼関係がある。2人が互いを尊重しているから、このバランスが成り立っていて、それは指導者になってからは、特にすごいと感じています。

指導者になって分かった、吉谷先生の指導力のすごさ

吉谷先生は、授業でも伝えるのが上手です。選択科目にスポーツ理論があり、サッカー部の生徒だけでなく、野球部やダンス部の生徒も興味津々で聞いています。吉谷先生は「思ったこと、やったことを話しているだけ。ウソは、絶対にダメ。頑張っていない子を頑張っていると表現するのもダメ。自分が思ったこと、感じたことを本気で伝える。そのときの言葉のチョイ

スは色々とある」と言っていました。思ったこと、感じたことというのは、生徒をよく見ていて分かることなのだと思います。

私は、23年シーズンは1年生チームを担当しました。1年生だけで50人いるので、1年生のトップチーム、セカンドチームで各25人ずつなのですが、どうしても、全部を把握するのは難しくなります。ある日、セカンドチームの選手が「自分は三宅先生には、プレーを見てもらえていない気がする」と漏らしたことがあったようです。私の力不足ですが、吉谷先生からは「どのカテゴリーの選手も、サッカーが好きで学芸館に来た子。絶対に見て、評価してあげないといけない。お前が選手を見ていないとは思わない。でも、見たことを伝えてあげないと、選手は見てもらえているか分からず、きっと不安になる」と教えてもらいました。

私が高校生のとき、吉谷先生は、どんなところも細かく見ているなと感じていましたが、その感覚が、選手に「見てくれているはずだ」と伝わっていたのだなと思いました。指導者、教員という同じ立場になってみると、それがどれだけすごいことか、よく分かりました。

吉谷先生の場合、ミーティングでも、学校生活やウォーミングアップの様子を見て感じ取ったのだろうなと思うような話がよく出てきます。サッカー以外の話で伝えることもあるので、私は自分がトップチームを見ているときでも、セカンドチームの練習が終わって、吉谷先生が選手に話をするときは、できるだけ聞くようにしています。

平先生が慕われる理由

22年に平先生が来られて、最初は、高原先生と吉谷先生がピシッとなり、私たちも同じようになり、それが選手にも伝わっていたと思います。私にとっては、恩師の恩師ですし、高校サッカー界ですごく実績のある指導者なので、最初は、もっと王様のような存在になるのではないかと勝手に思い込んでいました。

ところが、私たちのような若手のスタッフにも細かいところまで気を遣ってくださる方で、周りから慕われる理由がよく分かりました。平先生が、福岡から新幹線で岡山まで来られるときは、当然、我々が車で迎えに上がるのですが「これ、奥さんと食べてね」と言って、わざわざお土産を持ってきてくれます。そうやって、周りにも丁寧に接してくださって、すぐに緊張感が良い具合にほぐれていきました。

もちろん、元々すごい方だとは知っていましたが、チームに来られてすぐに、本当にすごい方だとあらためて思いました。

インターハイ敗退直後に見た、選手のどん欲さ

高原先生と吉谷先生が引っ張って来たチームに平先生が加わって、全国優勝にたどり着くことができましたが、本当にすごかったのは、選手たちでした。22年度のチームは、選手がすごく素直だったということが、非常に大きい要素だったと思います。上手くなりたい、強くなりたい、プロになりたいという選手が多かったです。

選手権に出ることが目標ではなく、そこは通過点で、選手権で活躍して次に進みたいという意識を持った選手ばかりでした。だから、チームを勝たせる選手になるために何をするべきか、アドバイスを素直に聞いて採り入れられる選手が多かったと思います。それに、成長へのどん欲さも感じました。

夏のインターハイは、徳島県開催。準優勝した帝京に準々決勝で敗れた後、チームはそのまま岡山に戻って来たのですが、先発出場した選手の多くが、戻って来るなりスパイクを履いてグラウンドに立っていたので、私もシュート練習を一緒にやりました。

勝つために何が足りなかったか、もっとどうなりたいのか。常に成長を描いて進める選手たちでした。

選手権期間中の奇跡のエピソード

岡山学芸館
ファミリー

最後に、私事になるのですが、実は、全国大会期間中に息子が生まれました。事前に男の子だと分かっていたので、自分の父が「優（ゆう）」と名前を決めてくれていました。予定日が1月1〜2日だったのですが、実際に生まれたのは5日。前日の4日、準々決勝で佐野日大に勝って国立競技場に行けることが決まった後、妻から陣痛が来たと連絡が来ていました。大会前に吉谷先生から「絶対に、出産には立ち合いなさい。（普段は、サッカーにばかり時間を使ってしまうが、普通の）人間になれるチャンスだ」と言われていたこともあり、急いで岡山に戻って、翌日の出産に立ち会って、また東京へ向かって、7日の準決勝には間に合いました。

妻は、静岡の藤枝純心高校の女子サッカー部出身。8日に行われた、第31回全日本高等学校女子サッカー選手権大会では、藤枝純心が2大会ぶりに優勝。その翌日の9日に岡山学芸館が初の全国優勝。「優」が生まれて、女子も男子も夫婦の母校が優勝するという奇跡が起きたことは、一生忘れないと思います。

森健太郎 校長

「高原&吉谷」は、バランス抜群の「ニコイチ」

校長の森健太郎です。本校サッカー部をけん引しているのは、高原良明先生と吉谷剛先生です。彼らは、本当に「ニコイチ」（※2個で1個の意味）という言葉がピッタリとあてはまる関係性です。2人の硬・軟がそろわなければ、全国優勝も成し得なかったと思います。

03年に2人が本校に来たのは、岡山県サッカー協会が、05年の岡山国体に向けて、成年の部の強化選手として吉谷先生を呼びたいと言ったのがきっかけでした。当時の国体チーム強化は、ファジアーノ岡山FCが中心です。NPO法人を立ち上げてJ2参入を目指すと聞いていました。国体翌年の06年にファジアーノ岡山スポーツクラブが発足することになるのですが、思えば、私のファジアーノへの携わりは、この頃から始まっていました。

話を戻しますが、強化指定選手を招へいすると言っても、まだプロ選手ではありません。選手に対して県協会から幾分か給料は出るのですが、生活に十分な額を補償できないので、ほかに仕事が必要でした。当時の協会会長は、私の父・靖喜（※23年9月に逝去）と同級生だったこともあり「学芸館で面倒を見てもらえないか」と頼まれました。当時の本校は、体育の教員を入れ替えていた時期でもありましたし、サッカー部は岡山製作所サッカー部でプレーしていた馬場博志さんに外部指導員として監督をお願いしていたのですが、コーチも必要だろうと考えていたので、教員とコーチの仕事をしてもらおうと思って了承することにしました。

吉谷先生から、勤め先を探している友人がいると聞いて面接をした高原先生は、非常にやる気のある好青年だなという印象を持ったことは覚えています。彼は教員志望でしたが、話を聞けば、吉谷先生と大学時代からずっと一緒にサッカーをやっていたというので、高原先生も国体チームに選手として参加してもらうことにしました。学校としては、急に2人も人員を増やすことになりましたが、当時、岡山県には、人件費助成を行う補助員制度があり、学校が全額負担をしなくても人員を増やせる体制にありました。この枠で高原先生には授業やサッカー部の指導をサポートしてもらうことにしました。ですから、吉谷先生は県サッカー協会と本校、高原先生は岡山県と本校で給与を分担する形になっていました。

吉谷先生は、中国社会人リーグで得点王になるなど、選手としても非常に優秀でしたが、国体後の06年にファジアーノがクラブを株式会社化して選手を本格的に入れ替えた段階で教員に専念する形になりました。

高原先生は、国体ブロック大会で大ケガを負って、選手生活を引退しました。2人とも最初は社会人選手と兼任の生活でしたが、指導に熱心でしたし、関係性も良いので、次第に「サッカー部は、この2人に任せれば良いのではないか」と思うようになりました。私は、先に来た吉谷先生が監督をやるものだと思っていたのですが、吉谷先生はユニークで「僕は顔も態度も良くないので、高原が監督をやるのが良いと思います」と言い、2人で話し合ってもらった結果が、現在の高原監督、吉谷コーチという体制になっています。

冒頭で触れましたが、2人の関係性が素晴らしく、高原先生が高い目標を設定して力強くチームをけん引し、吉谷先生が包容力を持って選手をサポートする形で、バランスが取れている印象です。チーム内に発言権を持つ指導者を2人置くと、難しい面が出てくるのが一般的だと思います。意見が合わなかったときに2人が離反してしまったり、生徒や保護者の支持する指導者が分かれて妙な派閥が生まれてしまったりしがちです。しかし、あの2人に関しては、互いを大事に思う気持ちが強いので、いざこざが生まれません。今は、彼らの教え子もコーチとして加わって、より選手に近い目線で考えられる体制が整っていますし、22年からは、福岡県の東海大五高校を強豪校に育てた平清孝先生にゼネラルアドバイザーとして来ていただき、チーム全体を包み込んで見てもらうこともできるようになりました。校長という立場から見て、指導者側のチームワークが非常に良い状態になったことが、全国優勝に大きくつながっていると感じています。

吉谷先生がきっかけ、ファジアーノ岡山の取締役へ

サッカー部の強化に関しては、私自身の経歴も関係しています。私は、岡山大学附属中学校のサッカー部出身です。附属幼稚園に入っていたので、エレベーター進学でした。本当は野球部に入りたかったのですが、ありませんでした。目立ちたがり屋だったので、野球以外で目立ちそうな競技としてサッカーを選び、ポジションはGKでした。小・中の同級生で、中学時代にチームメートだったのが、草創期のファジアーノ岡山の社長に招へいした木村正明君で、彼はFWでした。木村君は、岡山朝日高校に進んでサッカーを続けて、身長も伸びて国体の選抜候補に選ばれていました。

私は、県内の進学校である大安寺高校に進みましたが、放課後に1時間弱の練習しかできず、地区予選を勝ち進んで県大会に出られるかどうかのチームでした。専門指導ができる監督がいなかったため、主将だった私は監督兼選手としてチーム全体を見るように気をつけていたのですが、今にして思えば貴重な経験でした。自分の仕事をしながら、全体を見回すバランス感覚は、社会人になってから生きているように思います。

大学を卒業して岡山に帰って来てからは、学校の仕事が忙しかったのですが、ファジアーノ岡山FCの強化選手になった吉谷先生、高原先生を本校で預かったことがきっかけで、私はファ

ジアーノ岡山にも携わるようになりました。当時は、NPO法人でクラブを運営していましたが、経営難に陥り、私がクラブを預かろうとしたときには、数千万円の赤字を抱えていました。1人では対応しきれないと思っていた頃、一流金融グループとして知られるゴールドマンサックスに勤めていた木村君が会社を辞めることを考えていると聞いたので、地元に戻って来て手伝ってほしいとお願いしました。ファジアーノの社長に就任した彼は、途中でJリーグの専務理事になりましたが、私は社外取締役として、ファジアーノに携わり続けています。そのような経緯があり、本校サッカー部の強化は、学校経営を飛び越えて、岡山県サッカー界の盛り上げる一端を担う意味も含めて力を注いでいます。

学校経営の中でサッカー部強化に注力

岡山県は、地元にプロクラブができた今でも、まだ高年齢層では、サッカーより野球の方が人気があるくらい、サッカーに関しては不毛の地と言える地域でした。岡山にプロサッカーチームができるなどということは、十数年前まで考えられないことでした。

ファジアーノ岡山の創設に関わりを持つ中、2012年から校長を務めることになった本校でも、サッカー部は、きっちりと強化したいと考えていました。もちろん、ある程度の生徒数を確保できる部活動を持つことが、学校経営の安定につながる側面も考慮しました。ただ、それにしてもサッカー部の強化ばかりに傾倒しているのではないかと、理事長だった私の父は思っていたはずです。そういう父も、自身が初代部長として野球部を立ち上げたり、吹奏楽部を作って強化したりいましたし、吹奏楽部の楽器はとても高いので、似たようなものではないかと思う部分もあって、あまり気にせず、進めました。

サッカー部と野球部が現在使用している瀬戸内の人工芝グラウンドは、私が校長に就任した年に完成しました。当時、理事長だった父を強引に説得して実施した施策でしたが、本当に完成させて良かったと思います。当時は、まだ県内に自前の人工芝グラウンドを持っている高校は少なく、生徒募集、選手獲得の役に立ったと思います。場所が瀬戸内に決まるまで、ほかの場所で土地を借りてグラウンドを作る話が流れるなど紆余曲折がありました。瀬戸内の土地は田地だったのですが、埼玉県の会社の工場予定地で、不動産登記における土地の使用用途が田・畑ではなく建物を建てられるようになっていたので、すぐに着工ができました。土地を掘ったら遺跡が出てきて完成が半年ほど遅れ、なかなか完成せずに迷惑をかけた部分もありましたが、サッカー部にとって大きな環境改善ができて良かったと思っています。

本校は、財団法人や大学法人を持っている学校ではありません。お金があるから使っているというわけではなく、必要なものを作るのにお金を借りて来ています。現在は新校舎も建設中で、学園史上最大の借金を抱えている形になっていますが、一般企業の感覚で見れば、特段おかしなことではありません。

女子サッカー部と中学校のサッカー部も頑張っていますので、いずれは人工芝グラウンドをもう2面くらい作りたいと思っています。中学生も通学圏内に限ってしまうと優秀な選手の獲得は難しいので寮が必要になります。多感な中学生の寮管理は非常に難しいので迷ってもいますが、近い将来、少子化が進むと近隣地域の子どもだけを対象とする生徒募集では、学校経営が難しくなると思うので、対策として準備が必要だと考えています。人工芝グラウンドが3面そろって、照明設備を完備させて、ちょっとした観戦スタンドまで完成させるとなると、私が引退する頃になっているかなと思っています。

経営面からみる「特待生」制度

高原先生が、特待生制度について触れているので、少し学校経営における特待生制度の話もしておきます。一時期、特待生比率が大きくなり過ぎ、枠を減少させたことは事実です。それでも、片目を瞑りながら、なるべく各部の要望はかなえてきました。例えば、40人学級の中に特待生が7人いるか、8人いるかという話ですが、1クラスに担任1人と教科別の教員がつくという人員配置は変わらないので、学校の運営コスト自体は変わりません。「特待生比率」を考えると、特待生がいる分だけマイナス計上になるので、特待生を減らさなければいけないとばかり考えがちです。ただ、定員内に限りますが、生徒を受け入れることで受けられる助成金もあるので、経営方針としては、生徒が少ないより多い方が良いという考え方もできます。

本校は、4～5年ほど前に、1学年375人から、425人に増やしました。学校は公私間で70対30の定員配分が決まっています。県内の中学生の90%は進学するのですが、学年の卒業生徒数に0・9をかけて、私立に進むはずの30%の人数を計算しました。それを、実際に進学した生徒数と比べてみると、30%に達していない年がいくつか出てきていることに気がつきました。人数にすると少ないときで40～50人、多いときで70～80人ほど、充足していませんでした。それで募集定員の増加を申請して通ったので、1クラス分くらい増やせました。今後は、できればもう少し生徒数は増やしていきたいと考えています。

生徒募集を兼ねて部活動を強化している例として、サッカー界では、青森山田高校や神村学園高校が活躍をしています。少子化が進む中、日本本島の北と南の端が、わりとダイナミックに県外生募集に成功している例は、面白い事象だと捉えています。

岡山県は、人口が23年1月時点で約185万人で、岡山市が人口50万人以上の政令指定都市。県南に人口が集中していて、岡山市、倉敷市で約100万人、残りが他地域に散っている状況です。本校は県南に位置していますから、地元の子どもたちをお預かりできる仕組みを維持しながら、来たる少子化に備えて県外生の募集も行っていかなければなりません。県外生獲得ばかりに力を入れて、県内生が来なくなってしまったら、一気に定員を割って経営が難しくなるリスクがあります。

サッカーで言うと、県内の優秀な選手は、ほとんどファジアーノ岡山U–18が獲得します。その子たちが本校に通うので、サッカー部の特待生は県外から取る形を多くせざるを得ない部分があり、そこは少しジレンマがあります。俯瞰的に見れば、岡山県全体のサッカーを強化する必要があり、その点では貢献できているのではないかと思っていますが、ファジアーノの草創期を手助けするという意味合いを持ってU–18の選手を特待生で預かる制度を始めた経緯から、現状のファジアーノの状況を考えると、クラブは育成組織にスポンサーを募っていくことも必要ではないかと思っています。

岡山学芸館は、運動部強化で何を目指しているか

サッカー部をはじめとする運動部および文化部の強化は、学校経営に必要な生徒募集をするためだけではありません。スポーツを通じた人間教育は、何物にも代え難い、素晴らしい成果をあげられます。部活動の強化は、あくまで手段であり、本校が目指しているのは、世界で活躍できる立派な日本人の教育です。

本校では、バスケットボールB3リーグに属するトライフープ岡山のU-18チームを預かっていて「トライフープ岡山U-18＝岡山学芸館高校バスケットボール部」になっており、将来のプロ選手を本校で育てていく体制を整えています。私たちは、将来、プロ選手として活躍する人材に対し、日本人精神や倫理観、道徳観といった必要な教育を施せると考えています。また、広い世界で活躍した卒業生が、次世代のために動いていけるサイクルを作っていきたいとも思っています。

部活動の強化は、あくまでも人間教育のためのツールです。このことは、サッカー部の高原先生をはじめ、各部活動を担当する先生にも伝えています。部活動が勝利至上主義になってしまうと、教育を間違えてしまいます。極論、勝てばいいという話になると、授業中に寝ていようが、悪さをしていようが、能力が高い選手を試合に出そうとしてしまいます。しかし、目的

は人間教育ですから、人間的にしっかりした選手でなければ、チームで大事にされないという形でないと、教育ではなくなってしまいます。

言うまでもなく、実際には、人間教育を無視して勝利優先に走っても、良い結果は出ないものです。チームワークは、乱れます。逆に、人と人とがつながっていく組織は、強くなります。高校選手権でサッカー部が勝ち上がると、多くの生徒や卒業生が自発的に応援に行くようになったことは、生徒が学校を好きで卒業してくれたことを意味していると思いますし、それは私が追い求めている姿でもありました。自分が属した学校を愛する心は、地域や国を愛することにもつながります。そういう点で、スポーツは人間教育にすごく良い影響を与える側面があると思っています。

22年度の全国高校サッカー選手権は、岡山県知事や岡山市長と一緒に見ることができて、すごく良かったと思いました。みんなが「良かったね」と言ってくださり、地元にチームを迎え入れる空気が醸成されたのを感じました。理事長である父も、私がサッカー強化に傾倒していると心配していたところがあったと思うので、結果が出て安堵させられたことも良かったと思いました。ただし、学校教育としては、全国優勝がゴールではありません。教育活動は、今後も継続して、将来も良い人材を輩出し続けることがゴールです。そのためには、必要ならエクスパンド（拡張）もシュリンク（縮小）もしていくことになると思いますが、今回、サッカー部が大きくしてくれた、スポーツを通した人間教育の良いスパイラル、盛り上がりの火を消さないように継続し、今後さらに大きくしていきたいと考えています。

平清孝GA

教え子の力強い言葉「一緒に、日本一を目指しましょう」

ゼネラルアドバイザーの平清孝です。私は、岡山学芸館高校に来るまで、福岡県の東海大福岡（旧・東海大五）高校で総監督を務めていました。東海大五では45年指導を続けましたが、大丸忠監督が総監督である私に気を遣いながら指導をしているようにも感じて、辞め時かなと考えるようになっていました。

ただ、09年に白血病を患って、趣味だったゴルフも辞めてしまったので、サッカーのほかにやりたいことはありませんでした。2回目の命をもらったような人生で、もう少し頑張れそうなので、サッカーには携わりたいと思いましたが、同じ福岡県や九州地方ではライバルになってしまってやりにくいこともあり、あまり知らない地方が良いなとぼんやり考えていました。

以前、教え子である高原先生から「辞めた後は、どうするんですか」と聞かれたときには、まだ何も考えていないと話していたのですが「うちに来てくださいよ」と言ってくれていたことを思い出して「東海大福岡を辞めたら、お前の所でサッカーを見ることはできるか」と連絡をすることにしました。高原先生から「一緒に、日本一を目指しましょう」と返されたときは、随分と大きく出たなと思いましたが、高原先生が指導陣や学校に話を通してくれて、現在の役職で来ることが実現しました。

当初は「総監督」という肩書きを提示されたのですが、恩師が総監督で教え子が監督という立場でうまくいかない例もたくさん見てきました。実際、私がなるとしても、多分、総監督という立場では、ついつい「何をやっているんだ、こういうときは……」などと余計な口出しをしてしまうだろうと思いました。高原先生、吉谷先生が築いているお城の天守閣に入るような真似はできませんし、その肩書きでは引き受けられませんと言って高原先生を困らせてしまいましたが、最終的にゼネラルアドバイザーという肩書きをいただきました。

見知らぬ土地で感じた、プレッシャーからの解放

東海大福岡で45年も続けていたので、私自身にとっては真新しい挑戦です。岡山に単身赴任する形で一人暮らしを始め、自分をリセットできるような気持ちになりました。すでに高原先生と吉谷先生で作っているチームですから、邪魔にならないように、チームに良い流れができるようにすることだけを考えていました。選手と笑って話をするような関係が築けたのは、岡山に来てからです。

東海大福岡では、伝統が重過ぎて、誰も笑ってくれませんでした。怖い人だと思われてしまい、そのイメージを壊してもらえるように接していたつもりでしたが、難しかったです。ピッチの外でも、私には教頭や副校長といった立場があり、監督の大丸先生はピッチの中でも外でも、私に気を遣わなければいけなかったのだろうと思います。

実は、岡山に来てから初めて経験したことがたくさんあります。福岡にいたときは銀行も郵便局も一人で行ったことがありませんでしたし、コンビニに入ることも数えるほどしかなかったからです。ほとんどのことは、奥さんがやってくれていました。宅急便のやり方も知りませんでしたし、セルフのガソリンスタンドのやり方も知りませんでした。そんなふうになっていたのは、周りに誰かしら知っている人がいる環境だったからだと思います。飲み屋街に行けば、

誰か知っている人がいて声をかけてくれるのは嬉しかったのですが、変に高いプライドを持ってしまい、普段の生活を見られるのが、どこか恥ずかしい気分でした。

岡山に来てからは、最初は恥ずかしかったですが、どうせ誰も知らないだろうと思い、抵抗がなくなりました。今は、自由に生活していて楽しいです。練習が終わったら、スーパーに行って、値引きされたお惣菜も買います。コンビニで銀行のお金を下ろせることも、岡山に来て初めて知りました。最初は、ATMの機械にカードを吸い込まれてしまうのではないかとドキドキしました(笑)。岡山に来てから、私も気を楽にすることができましたし、選手からしてみれば、よく分からない変なおっちゃんですし、今までとは違い、自然体で接することができたかなと思います。

親交があったライバル作陽高

サッカーの話に戻りますが、岡山学芸館に行けば、作陽高校や玉野光南高校がライバルかなと思いましたが、実際に来てみると、ほかにも就実高校や創志学園高校など手強い相手がいて、群雄割拠になっている現在の福岡県と同じようなところに来たなと感じました。06年度の第85

回全国高校選手権で準優勝した作陽高校は、東海大五で指導をしていた時期に、練習試合や合同練習を行うなど、当時の木村清監督にお世話になったチームです。94年に私が日本高校選抜の監督を務めた際に、当時、作陽高校でコーチを務めていた野村雅之先生をコーチとして呼んだこともあり、親交があります。

23年4月1日に現職の就任が公表されることになったので、当日は、福岡から岡山に移動して、まず作陽の木村先生に挨拶に行こうと考えました。しかし、小倉駅のホームで新幹線を待っているときに木村先生から電話があり「あんた、作陽を潰しに来るんか？　今朝の新聞に載っとるぞ。来んでええ！」と冗談半分に言われてしまいました。岡山に着いてから、高原先生と一緒に作陽へ伺いましたが、「ホンマに来たんか！　何が切磋琢磨や。うちを潰しに来たんやろう」と相変わらずで、困りました（笑）。

指導1カ月で確信「これ、夢を見られるぜ」

その日は、作陽から戻って来て、選手に初めて会いました。私なりの気持ちを選手全員に伝えさせてもらったのですが、そのときに、すごいものを感じました。言葉でうまく表現できないのですが、良い雰囲気がありました。

それからトップチームの練習を見たら、面白い。これは、やれるぞと思いました。本格的に練習を見るようになると、とにかく真面目で頑張れる選手が多く、みな素直で明るくてオンとオフがハッキリしていました。練習に対する取り組み方などの「サッカー以前に教えなければいけない部分」が、ほとんどなく、教えるのに苦労する印象がないチームでした。

私がすることといえば、練習中に選手をちょっと呼んで個別にアドバイスをするだけでしたが、「ハイ！　ありがとうございます、やってみます」と気持ちの良い返事をしてスッと練習に戻っていく選手が多かったです。練習では、プレーの質が日に日に高まっていくのを感じました。それで、1カ月ほど経ったときには、高原先生ら指導陣に「これ、夢を見られるぜ」と話をしたのを覚えています。

チームの雰囲気が良いことの理由として、トップチームやセカンドチームといったカテゴリーでグループが分かれてしまっているような雰囲気がなかったことが挙げられますが、その背景に、このチームは学校の理解に非常に恵まれていると感じた点があります。16時45分になると、全カテゴリーで選手と指導者がグラウンドに集まることができるところです。岡山学芸館は、スタッフが全員教員なのに、練習時間に全員がそろいます。これは、普通のことではありません。すごいバックアップ体制だと感じました。学校の理解と、他の教員の理解によって、サッカー部はやろうとすることに対する障がいがない状況を作ってもらえています。この点については、本当に感謝が必要です。

優勝の最大の背景は、選手の素直さ

優勝したチームの良さは、何と言っても、選手が素直だったことだと思います。彼らにしてみれば、私は突然現れた、よく分からない「おっちゃん」みたいなものですが、少しアドバイスをすると、本当に真剣に耳を傾けます。「ハイ！」という返事も、その場しのぎではなくて、しっかりと聞き入れて返事をしていることが伝わって来るものでした。だから「こうしたかったんだろう？　だったら、さっきのはダメだよな。こうした方が良かったんじゃないか」などと言うと、強張ったり、意地を張ったりすることなく、ニコッと笑顔で返事をしていました。

22年度のチームは、そういう選手がいる、のではなく、そういう選手ばかりでした。FW今井拓人や、MF木村匡吾は、特に印象的でした。

木村は、夏の遠征で熊本県の大津高校に行ったときに、監督に怒られてグラウンドの隅で泣いていました。インターハイの前に、良い雰囲気ではないと思って、監督に「選手に話をしますよ」と言って、木村を呼んだのですが、最初は来ませんでした。もう一度呼ぶと、泣きながらやって来ました。

相手チームもいるような状況なのに、涙が止まらず、どれだけ悔しいと感じているのかが伝わってきました。一生懸命にやっているのに厳しく指摘されて、悔しさと歯がゆさでパニックを起こしていました。そこで、落ち着いて声をかけたら、スッと聞き入れて、それからは指摘をされても素直に聞くようになりました。

今井は、選手権の全国大会前にスランプに陥りました。「全然、点が入らない。入る気がしません」と言っていましたが、点が欲しくて、慌てたプレーばかり。足を強く振り過ぎて、筋肉を傷めてしまうほどでした。それでも、点が取れているときの映像を見せたり「慌てるな。選手権はまだ先だ。チャンスは、必ず来るから。お前は選手権で爆発するんだ」と暗示をかけたりして接しましたが、やはり素直なので、少しずつ聞き入れて落ち着いていきましたし、選手権では大活躍をしてくれました。

MF山田蒼もスランプに苦しんだ選手でした。私は、21年度に福井県で行われたインターハイに東海大福岡高校の女子チームの引率で行っていて、同じ会場だった岡山学芸館の試合を見たとき、スタッフに「あの選手は、いいね！　2年生なの？　楽しみだね」と言った選手がいたのですが、それが山田でした。

しかし、岡山に来てみると、彼はケガでリハビリ中でした。そこからケガと復帰を繰り返して、パフォーマンスが上がりませんでした。私は、今の山田に10番は重いだろうと感じ「10番は木村にした方が良いのではないか」と進言しましたが、高原先生は「大丈夫です」と頑固でしたが、結果的には高原先生の見方が正しかったのかもしれません。

DF井上斗嵩は、当初は寡黙でしたが、シーズンの最後の方になって、素直な返事が聞こえるようになりました。いずれも、自分の成長のために、人の話を素直によく聞くことのできる選手たちでした。

高校時代の高原監督は「真面目な頑張り屋さん」

ところで、監督である高原先生は、私の教え子ですが、こんなに情熱的で選手を厳しく叱咤激励する指導者になるとは思いもしませんでした。岡山学芸館に来てから苦労しながらチームを強化してきた歩みは、自分で草抜きをしてグラウンド整備をしていた若い頃の私自身と重なる部分も感じます。最初はサッカーどころではなくて、生活指導がメインだったという部分も一緒なので、指導時の厳しさは、高校を卒業した後の経験で身についたものなのかなと感じます。

芯の強さや頑固さも、高原先生が指導者になって初めて気づいた点でした。高校生の頃は「真面目な頑張り屋さん」というイメージでした。キックが安定していてセンスを感じる選手で、トップチームに呼ぶようになったのは、2年生の頃だったと思います。入学してから身長が伸びましたが、身体は細身。「細くて、目のクリッとした、おとなしい子」が高原の印象です。当時、私の奥さんが寮でご飯を作ってくれていたので、選手のピッチ外での生活態度も教えてもらっていて、彼女の方が選手の素顔を知っているのですが、彼女も「高原君って、あの可愛い顔した、優しい子でしょう?」と言っていたくらいです。

高原先生が高校3年生だった1997年は、同じ福岡県のライバルだった東福岡高校が全国3冠を果たしました。つまり、私たちは負け続けたことになります。しかし、最初は大きな力の差はありませんでした。インターハイ予選の県大会決勝では、東海大五が優勢。吉田賢太郎(京都サンガF.C.や水戸ホーリーホックでプレー、現ベガルタ仙台アカデミーコーチ)がGKをかわして打ったシュートが水たまりで弱まり、全速力でカバーに入った相手DF千代反田充選手にスライディングでクリアされてしまったのですが、あれが決まっていれば歴史は変わっていたかもしれません。今でも「あの場面でインサイドじゃなくて、インステップで蹴っていればな」などと話して思い出す場面です。あの場面は、きっと生涯忘れないと思います。この試合は、ラスト2、3分で相手MF本山雅志選手に3人抜きのドリブルからゴールを決められて負けてしまいました。そこから東福岡の3冠ロードが始まりました。

冬の高校選手権の決勝で対戦したときには、勝ち続けて自信を得て勢いに乗った相手と戦う形に変わっていて、1－7で大敗しました。相手は、付け入る隙のないチームになっていました。

会場でも、相手は大応援団。相手の応援スタンド付近にいた選手は、頭の中が真っ白。相手のホームゲームになってしまい、力を出し切れませんでした。選手には「こんな環境で試合をさせて申し訳なかった」と謝りました。残念ながら、この世代は全国大会に進めなかったのですが、高原先生に関して言えば、東海大への進学が内定して、そこからさらにひと伸びした印象がありました。

指導者としてイタリア留学を経験

ついでに、少し昔話をします。高原先生が高校2年の頃、私は、イタリアに指導者留学に行っていました。イタリアとの縁は、旅行代理店が「イタリアのサルデーニャ島が日本から観光客を集める企画を行っていて、サッカーチームなら格安の20万円くらいで10日ほど行ける」と言って来たのがきっかけでした。以来、東海大五高校は、イタリア遠征を行っていました。

92年からJリーグが始まることが決まり、それを聞きつけたイタリアの代表経験者が第一線を退いたOB選手を中心に1チームを編成して、日本で試合を行ってJリーグに選手の売り込みをかける話が出たとき、当時、東海大五をイタリア遠征に連れて行っていた私は、日本との橋渡し役を頼まれ、知り合いを通じて福岡県で試合を行う話をまとめるのを手伝いました。

試合は、読売新聞さんがスポンサーについてくれて、お客さんも多く入るイベントになりました。結果的に選手の売り込みは成功しませんでしたが、アフターマッチパーティーのときに、イタリアチームの関係者が「久々に昔の仲間と集まって、こんな素晴らしい試合ができて、本当に良かった。大成功だ！」と喜んでいたところ、まだプロリーグもない国でこんなことができたのはなぜかという話になり、関係者が私を紹介してくれました。そこで「何か、お礼がしたい」と言われたので「イタリアでサッカーの勉強をしたい」と答えました。すると、86年に地元開催のイタリアワールドカップでイタリア代表の監督を務めたアゼリオ・ビチーニが「オレが責任を持って預かる」と言ってくれました。

正直に言えば、私はオランダのサッカーの方が好きでしたし、そこまで実現にこだわったわけではありませんでした。それに､互いにその場の勢いで話したことだと思っていたのですが、しばらくすると、代理人を通じて「準備はできている。いつ来るんだ？」と連絡が来たので、学校にお願いをして3カ月間、イタリアへ行くことになりました。

イタリアで見た、基礎技術の大切さ

当初は、イタリアのナショナルトレーニングセンターであるコベルチャーノで指導者講習が受けられるという話でしたが、それは実現せず、イタリア北部のヴェローナに行って、午前は、ヴェローナ大学で勉強。午後は、ユースチームの指導者について回り、現地のアマチュア指導者の資格を取得しました。最終試験は、イタリア語で説明できないので、ビデオを止めて身振り手振りで「このディフェンスラインは、ダメ。もっと高い位置に上げるべき状況だ」などと解説しました。10人いた試験官の9人がOKで、1人だけNOでしたが、その1人が周囲の9人から強烈に非難されるのを見て、驚きました。

イタリアでは、言われるがままに大学へ行ったり、グラウンドへ行ったり。イタリアまで来て何をやっているのかワケが分からない状況でしたが、貴重な経験ができたことは確かでした。

現地で私の付き人になってくれたのは、イタリアの有名なジャーナリストのアダベルト・シェンマさんでした。イタリアでは、プロリーグが行われた日の夜に、生討論会を行うテレビ番組があって、彼は3つの番組に関わっていて「お前も付いて来い。通訳してやる」と言われて、参加させられたこともありました。

指導者資格の認定書の授与式では、初めてのアジアからの合格者ということで取材を受け、現地の新聞にも載りました。2年に1回、更新するためにイタリアに行かなければいけないので、ライセンスはその後失効してしまいましたが……。

とにかくイタリアでは、多くのことを学びました。一番驚いたのは、基礎練習に多くの時間を割くことでした。こんなことばかりやるのか、面白くないと思いましたが、日本とは違ってミスが非常に少ないことに気づきました。当時の日本の高校では、下級生が球拾いをする習慣がありましたが、イタリアに球拾いは必要ありませんでした。試合を見ても、スローインになる場面が少なかったです。角度をつけてボールを止める、インサイドで正確にキックするというプレーの質が全然違いました。

縁は、不思議なものです。イタリア遠征を重ねるうちに、日本の高校生が高く評価されることに気がつきました。最初に行ったときは「日本のプロチームか？」と聞かれましたし、現地のユースチームの大会に出場したときも「日本のユース代表か？」と聞かれ、九州地方の1つの学校のチームだと話しても、なかなか信じてもらえないくらいでした。イタリアの指導者にとっては、衝撃だったようです。94年ワールドカップで準優勝したイタリア代表の主将だったフランコ・バレージと同期で、17歳でACミランのトップチームデビューを果たしたリカルド・トミアッティという指導者が「日本に行ってみたい」と興味を示したので、東海大五で受け入れることにしました。高原先生たちは、彼の指導を受けていますし、高原先生の2学年下の有光亮太（アビスパ福岡、Ｖ・ファーレン長崎でプレー）は、彼が連れて帰る形でイタリアへ渡り、帰国してからプロになりました。基礎を大事にすることは、イタリアとのつながりから一層重視するようになりましたし、その影響は、高原先生の指導にもつながっているのかなと思います。

高原&吉谷は、まるで「やすきよ」

話を岡山学芸館に戻しましょう。岡山学芸館とは、私が東海大福岡にいたときも、対外試合などで交流がありました。高原先生がコーチだった時から福岡でのフェスティバルに遠征に来ていて、やる度に少しずつ強くなってきていました。

このチームの指導に関して言えば、高原先生と吉谷先生のコンビが、最高です。この２人の関係性がなければ、日本一は絶対になかったと思います。まるで「やすきよ」（※昭和時代に一世を風靡した横山やすし、西川きよしの漫才コンビの愛称）のような絶妙な関係性。大学からの同級生で仲が良く、カラオケをすると、互いに「お前が歌えっちゃ」と言い合うくせに、曲が鳴り出したら２人で一緒に歌い出します（笑）。ときには「なんじゃ、お前」などと言い合いを始め、2、3日、口をきかないこともありますが、いつの間にか、何事もなかったかのように終わっています。もしかしたら、私が来たことで、目の前でいつまでも言い合っていても……と思うところもあるのかもしれません。

吉谷先生は、本当に、チームの縁の下の力持ちです。彼がいなかったら、高原先生が突っ走って、もっといろいろな失敗もしたのではないかと思いますが、吉谷先生が「そら、いかんやろぉ。やりすぎっちゃ」と独特の九州訛りで、けん制している姿をよく見かけます。高原先生は頑固で、言い出したらやり通す姿勢が強いのですが、何も言わず、ちょっと吉谷先生の意見をくみ取って決断しますし、吉谷先生もそれを黙って理解しているように思います。この絶妙な関係性がなければ、選手起用等でぶつかり、チームは崩壊しているはずです。

一応、立場としては監督とコーチ。吉谷先生が前に出てしまうとバランスが崩れてしまいますが、決して前に出ません。今回の日本一でも、彼は決して前に出ませんでした。彼は徹底して黒子。本当にすごいと思います。

試合前イメトレ、最初は元日本代表が相手

岡山学芸館
ファミリー

優勝した全国高校選手権では、大会中のイメージトレーニングがうまくいきました。実は、以前にもやったことがありました。32歳のときだったと思いますが、コーチングスクールに行きました。教員15人、日本リーグ出身者15人の30人が受講生で、当時の総理大臣杯を優勝した大学と練習試合を行ったのですが、私が受講生チームの監督を務めたときがありました。与那城ジョージさん（読売サッカークラブで活躍）や、清水秀彦さん（日産自動車で活躍）といった日本代表経験者がいる中で指導をしなければいけません。何か選手にとって新鮮なものをやろうと考えて採り入れたのが、イメージトレーニングでした。当時は、まだイメージトレーニングという言葉が普及しておらず、私自身の考えでやってみました。

「目を閉じてください。今から元気の良い大学生と試合をします。こちらには、これまでに日の丸をつけてプレーした選手もいますが、体力は落ちています。しかし、技術では大学生に勝っています。どんなサッカーをするべきだと思いますか。イメージしてください」

偉大な選手を前にして偉そうに言ったものですが、与那城さんから「平さん、これはいいよ。イメージ通りにできたよ」と褒めていただきましたし、試合後のミーティングでは、ほかの選手からも「ボールが来たときに慌てなかった」など好評でした。その後、東海大五の指導でも、

大事なゲームでは採り入れるようにしました。

岡山学芸館では、このトレーニングが行われていなかったので、インターハイの県大会から採り入れました。それが上手くいったのかは分かりませんが優勝できたので、リーグ戦では使わずに、トーナメント戦だけ採用しました。トーナメントではPK戦もあるので「PKでは、どのコースに、どのように決めるのか」とイメージさせました。高校選手権の全国大会の決勝戦の日は「青空がきれいだ。勝って青空を見上げるところまでイメージしなさい」と言ってイメージトレーニングを行ったのですが、本当に勝って青空を見上げる姿を見ることができました。

このトレーニングは本当は3分ほど行うのですが、高校選手権の全国大会では、彼らには3分は長すぎると考えて1、2分ほどに集約しました。選手が本当に集中してやってくれていたからです。

全国大会は、3回戦で國學院久我山高校に勝ったところで、子どもたちが一番気持ち良い顔をしていて、完全に勢いに乗ったなと感じました。選手たちにも「トーナメントは、乗った者勝ち。勢いのまま行くのが、勝つ秘訣だ」と言っていたのですが、選手が素直なので、本当に上手く実現してくれました。だから、試合の中の重要な場面で「できる」というイメージができていたのだと思います。すごく落ち着いてプレーできていた印象があります。

そうは言っても、決勝戦の東山高校戦で2点目を決めた木村匡吾のヘディングシュートは、誰もイメージしていなかったと思います。あんな小柄な選手が頭で決めるなんて。彼は、円陣を組む時に必ず私の隣に来ていました。木村はこの大会なかなか得点できずにフラストレーションが溜まっていたように見えたので、彼の耳たぶをつまんで「今日は、お前にチャンスが来るような気がするぞ」と言ったら「本当ですか？　頑張ります！」と言っていて、本当にゴールを決めて来たので、私も嬉しかったです。

教訓が生きた、国立での苦い思い出

ただ、調子が良くなると、自分自身は変わらないつもりでも、環境の変化によって変わってしまうものも出てきます。神村学園との準々決勝の前日、初めて選手を怒りました。相手は優勝候補ですが、こちらは無印。情報が少ないので、記者の方たちの取材が増えていて、練習場でバスを降りて、ウォーミングアップに入るまでの間にも選手に接触する記者がいました。ウォーミングアップを見ると、チームにいつものような集中力がありませんでした。だから、練習後、聞こえるように「記者を入れるな」と言って、ゴール裏に選手を集めて「勘違いするな、何だ、今日の練習は！　こんなんで勝てるわけがない。1年間見て来て、こんなにダラダラした練習は初めてだ！　練習後の取材は受けて良い。でも勘違いするな。お前たちは、スターでも何でもない。のぼせ上がるな！」と伝えました。一度、引き締め直すべきタイミングでもありました。選手やスタッフにそのつもりがなくても、周りが変わって、いつも通りではいられなくなるものだからです。

90年度に東海大五を率いて全国大会の準決勝に進んだとき、私は36歳。当時のベスト4進出チームでは最年少監督でした。ハッキリ言って、舞い上がっていました。国立競技場では、ピッチでのアップが禁止されていて、別の場所が指定されていたのに「行けー！」と言って選手をピッチに送り出してしまい、高体連の委員長から「国立ではピッチ内アップはないって、監督会議で言ったでしょう！」と怒られました。スタンドの歓声がすごくて、選手に戻れと行っても聞こえず、場内アナウンスをされる始末でした。試合を平常心で戦えたわけがありません。未熟でした。

ですから、今回、岡山学芸館で選手権の全国決勝に進むことが決まったときには、当時の選手の何人かに「みんなを連れて行けなかったのに、オレだけ決勝に行って悪いな。君たちが苦い思いをしてくれた経験があったからだ」とメールをしました。勢いが大事なのですが、引き締めるべきタイミングもあるということは、場数を踏まないと分からないところもあるのかなとも思います。

岡山学芸館の優勝は、ライバルの闘志に火をつける

東海大福岡を離れるとき、やるからには、すでにトップクラスの強豪ではなく、東海大福岡で成し遂げられなかった日本一を目指す夢を持てるチームがいいと思っていました。高原先生、吉谷先生の理解で岡山学芸館に来ることができましたが、まさか、1年で日本一まで実現するとは思いませんでした。教え子である高原先生と一緒に、東海大福岡では成し遂げられなかった日本一を達成することができ、感無量とは、こういうことを言うのだと感じました。大会が始まってからは、あれよあれよと言う間の勝ち上がり。すごい巡り合わせがあったから達成できたと思います。それに、全国優勝に関しては、とにかく選手が素直で素晴らしかったです。彼らは、接していて本当に気持ち良い選手でした。

日本一になったことで、これからは県内の戦いがより厳しいものになると思います。私が監督、高原先生が選手だった頃の東海大五の話に戻りますが、私たちが全国大会に連続出場していた時代には、全国大会の上位には入れませんでした。しかし、後から力をつけて来た東福岡

高校が、高原先生が3年生だった97年度に一気に全国のトップに立ちました。東福岡に入って来る新入生のレベルがぐんと上がる中、私たちはどうにか食らいつこうと頑張った結果、再び全国大会に出られるようになりました。それを見て、自分たちも東福岡に食らいつこうと、今では、ほかにも強い私学の高校がどんどん出て来ています。岡山学芸館の優勝は、きっと県内のライバルの闘志に火をつけるはずです。育成を続けるチームにとって、全国優勝はゴールではありません。今後も、より活性化する岡山県全体の切磋琢磨によって、さらなる成長を目指して行くことになります。

岡山学芸館
ファミリー

おわりに

「人生何事にも耐えて勝つ」

第101回全国高校サッカー選手権大会において、3883校の頂点に立つことができました。「next 100」を合言葉に開催された記念すべき大会で、岡山県勢初の日本一になれたことに喜びを感じるとともに多くの皆様に感謝致します。

振り返れば赴任して20年、耐えて、耐えての連続だったように思います。

赴任した当初は、十数名の部員から始まったサッカー部でした。グラウンドもなく、近くの空き地が練習場、もちろん部室やナイター設備等もなく着替えは木陰、夜は車のライトを照らして練習するなど、自分が育った高校時代とはかけ離れた環境でした。紅白戦もできない人数だった為、毎日のように部員に混ざって練習し、汗を流していたことが良い思い出となっています。

赴任から5年目でコーチという立場から監督になりました。その当時に掲げたチームの理想像は「周りの人たちから愛される（応援される）チームを目指そう」でした。

とにかく、生活指導を徹底し、サッカー以前に礼節をしっかり身に着けさせていきました。すべての始まりは、挨拶から。立ち止まり、心のこもった挨拶をするように、徹底的に指導しました。本校の理事長が大切にしている「積小為大」は、小を積めば、やがて大となるという意味で、二宮尊徳の言葉ですが、小さな事から、少しずつ積み上げたことで、やがて大きな成果となります。ピッチ外での立ち振る舞いの変化が、ピッチ内の進化につながることを、選手たちも実感してくれたように思います。

第101回全国高校サッカー選手権大会は、メンバー135名がそれぞれの立場で、夢に向かってチャレンジしてくれました。ピッチに立ち仲間の分まで戦ったメンバー。ピッチに立つことができずベンチで悔しい思いをしたリザーブのメンバー。最後まで声をからし、太鼓を叩いてピッチに声援を送り続けた応援メンバー。誰一人として、チームの勝利の為に手を抜いた選手はいませんでした。一人ひとりが自分の役割を全うし、「和を持って個を制す」の精神を持ち、チーム全員で勝ち取った素晴らしい日本一だったと思います。

全国制覇を成し遂げた部員全員には感謝しかありません。5万868人の大観衆の中、素晴らしい舞台で生徒たちが躍動する姿、全力で立ち向かっていく姿勢、最後まで諦めないプレーに共感すると共に、無我夢中で取り組んできたことが少し実ったのかもしれないと強く思えた瞬間でした。

2003年から二人三脚でサッカー部を築き上げた顧問の吉谷と日本一になれたこと、恩師である平先生と頂点に立ち、国立の空を見上げることができたこと、コーチ陣と抱き合って涙を流したこと、そして岡山学芸館高校を日本一の学校にできたこと。すべてを嬉しく思います。

諦めず信念をもってやり続ければ必ず、成長があるものだと思います。偉業を成し遂げた135名の部員には「人生何事にも耐えて勝つ」の精神で、これからも人生の大きなフィールドで、常に謙虚で、ひたむきに努力し、素晴らしい人間になれるよう前進してほしいと思います。

また、新型コロナウイルスの感染拡大により、思うように活動ができない中、高校サッカーの聖地である「国立競技場」で試合ができたのも、皆様方のご支援やご声援のおかげだと感じています。チームを代表して、心より感謝申し上げます。今後とも一層のご指導ご鞭撻を賜りますよう、お願い申しあげます。

PROFILE

高原良明（たかはら・よしあき）

岡山学芸館高校サッカー部監督

1979年生まれ、福岡県出身。東海大五高校から東海大学に進み、3年次に総理大臣杯優勝。東海大学卒業後、岡山国体を見据えた強化選手に選ばれ、Jリーグ加盟前のファジアーノ岡山でプレー。現役を続ける傍ら、岡山学芸館高校サッカー部コーチに就任。大学時代の盟友・吉谷剛コーチと二人三脚で指導にあたり、2008年現役を引退し、同部監督に就任。2012年初めて全国インターハイ出場。2016年全国選手権初出場。2022年度第101回全国高校サッカー選手権大会にて数々の強豪を破り、初優勝を掴む。これまでに全国高校選手権6回、インターハイ7回出場。2024年中国新人大会にて6年ぶり2回目の優勝を飾った。

空き地から日本一!奇跡を起こした雑草軍団
岡山学芸館高校のチームが成長する組織づくり

2024年4月30日初版第一刷発行

著　者 … 高原良明
発行所 … 株式会社 竹書房
〒102-0075
東京都千代田区三番町8番地1 三番町東急ビル6階
E-mail　info@takeshobo.co.jp
URL　https://www.takeshobo.co.jp
印刷所 … 共同印刷株式会社